KOMPAKT-WISSEN
LATEIN

Maria Krichbaumer

Kurzgrammatik

STARK

ISBN 978-3-89449-684-5

www.stark-verlag.de
1. Auflage 2004

Inhalt

Autorin: Maria Krichbaumer

Vorwort

Liebe Schülerinnen und Schüler,

dieser Band aus der Reihe „Kompakt-Wissen" ist vorwiegend für die Lektüre-Phase des Lateinunterrichts gedacht.

Die Kurzgrammatik dient Ihnen zur **Vorbereitung auf Schulaufgaben/Klassenarbeiten** und Tests sowie zum schnellen **Schließen von Wissenslücken**, wie sie vielleicht im Unterricht oder bei Hausaufgaben zutage getreten sind.

Sie bietet kompakt, aber doch so gründlich, dass Sie ein grammatikalisches Phänomen in all seinen wichtigen Elementen erfassen und wiederholen können, v. a.

- die lateinische **Formenlehre** (Nomina, Verben),
- die **Kasus- und Satzlehre** und
- die für die lateinische Sprache so prägenden **Nominalformen im Satz** wie AcI, Ablativus absolutus, u. a.

Zahlreiche – aus Gründen der schnellen **Verständlichkeit** und besseren **Einprägsamkeit** – bewusst einfach gehaltene Beispielsätze verdeutlichen Ihnen die Regeln und deren Verwendung.

Sie können **einzelne Phänomene** herausgreifen und diese **schnell und effektiv wiederholen**; der Band ist aber auch für alle die gedacht, die die **zentralen Inhalte der lateinischen Grammatik** kompakt zusammengefasst noch einmal ganz wiederholen wollen.

Ich wünsche Ihnen viel Erfolg bei der Wiederholung und vor allem bei der Anwendung des Gelernten im Unterricht und in Prüfungen!

Maria Krichbaumer

Nomina

„Nomen“ (Namenwort, Nennwort) ist die zusammenfassende Bezeichnung für die deklinierbaren Wortarten.

• Zu den Nomina zählen 1. Substantive 2. Adjektive 3. Pronomina 4. Zahlwörter (Numeralia)	 orator, -oris, *m.* bonus, bona, bonum ille, illa, illud duo, duae, duo
• Ein Nomen ist bestimmt durch: 1. **Genus** (Geschlecht, d. h. maskulin, feminin oder neutrum) 2. **Numerus** (Zahl, d. h. Singular oder Plural) 3. **Kasus** (Fall)	
• Das Genus ist meist durch die **Deklination** festgelegt, zu der das Substantiv gehört **(grammatisches Geschlecht)**. Einige wenige Substantive folgen dem **natürlichen Geschlecht**.	aqua, -ae, *f.* *das Wasser* poeta, -ae, <u>*m.*</u> *der Dichter*

Die Bildung aller Nomina lässt sich folgendermaßen beschreiben:

• Ein Nomen besteht aus: **Wurzel + Suffix + Endung** (Wurzel + Suffix:) **Wortstamm**	oratores: ora - tor - es *Wurzel* *Suffix* *Endung*
• Der **Auslaut** des Wortstammes („Kennlaut“ der Deklination) ist oft mit der **Endung** verschmolzen.	cur-<u>a</u>e
• Beide zusammen bezeichnet man als **Ausgang**, den **Stamm** ohne Stammauslaut als **Wortstock**, sodass man bei der Zusammensetzung meist Wortstock und Ausgang unterscheidet.	curarum: *Wortstock* (cur) – *Ausgang* (a - rum) cur - <u>a</u> - rum *Stamm* (cur - a) – *Endung* (rum)

Die Beugung (Flexion) eines Nomens bezeichnet man als Deklination. Nach dem Stammauslaut lassen sich im Lateinischen sechs Deklinationsklassen unterscheiden, die man der Zählung nach in der Regel zu fünf Deklinationen zusammenfasst:

• a-Deklination	1. Deklination
• o-Deklination	2. Deklination
• Konsonantenstämme* • i-Stämme (+ Mischklasse)	3. Deklination
• u-Deklination	4. Deklination
• e-Deklination	5. Deklination

* Der Stammauslaut ist hier ein Konsonant.

Im Lateinischen gibt es sechs Kasus (Fälle):

Kasus	Fragen
Nom.	wer? was?
Gen.	wessen?
Dat.	wem?
Akk.	wen? was?
Vok.	(Anrede)
Abl.	wovon? wodurch? womit?

- Der Vokativ entspricht in der Regel dem Nominativ und wird deshalb in Deklinationsschemata nicht extra angeführt. — Ubi es, Claudia? Ubi es, mater?
  Nur die Maskulina der o-Deklination auf *-us** haben im Singular eine eigene Vokativ-Endung (-e). — Ubi es, domine?
- Die Neutra haben im Nominativ und Akkusativ (Singular und Plural) stets die gleiche Endung.
- Dativ und Ablativ Plural haben stets die gleiche Endung.

* Dies gilt für die Substantive und die Adjektive auf -us der o-Deklination. Der Vokativ ist in den Deklinationstabellen hier nur bei den Substantiven der o-Deklination gesondert aufgeführt.

1 Substantive

1.1 Die Substantive der a-Deklination

- Der Stammauslaut der Substantive der a-Deklination ist a.
- Nach dem grammatischen Geschlecht sind die Substantive der a-Deklination Feminina.

domina iusta
cura mala

	Singular		Plural	
Nom.	cur-a	domin-a	cur-ae	domin-ae
Gen.	cur-ae	domin-ae	cur-arum	domin-arum
Dat.	cur-ae	domin-ae	cur-is	domin-is
Akk.	cur-am	domin-am	cur-as	domin-as
Abl.	cur-a	a domin-a	cur-is	a domin-is

Ausnahmen zum Genus
(nach dem natürlichen Geschlecht)

poeta, -ae, m.	poeta clarus
conviva, -ae, m.	conviva iucundus
pirata, -ae, m.	pirata malus
nauta, -ae, m.	nauta bonus

1.2 Die Substantive der o-Deklination

- Die Substantive der o-Deklination sind Maskulina bei Ausgang ***-us*** und ***-er***, Neutra bei Ausgang ***-um***.
- Die Maskulina auf *-us* haben im Singular eine eigene Vokativendung (*-e*)*.

dominus iustus
puer laetus
vinum bonum

Ubi es, Marce?

* Bei den Maskulina auf *-ius* entfällt das *-e*, z. B. lautet der Vokativ von *filius: fili*.

Singular

	m.			n.
Nom.	domin-us	puer	ager	verb-um
Gen.	domin-i	puer-i	agr-i	verb-i
Dat.	domin-o	puer-o	agr-o	verb-o
Akk.	domin-um	puer-um	agr-um	verb-um
Vok.	domin-e	puer	(ager)	(verb-um)
Abl.	a domin-o	a puer-o	in agr-o	verb-o

Plural

	m.			n.
Nom.	domin-i	puer-i	agr-i	verb-a
Gen.	domin-orum	puer-orum	agr-orum	verb-orum
Dat.	domin-is	puer-is	agr-is	verb-is
Akk.	domin-os	puer-os	agr-os	verb-a
Abl.	a domin-is	a puer-is	agr-is	verb-is

Ausnahmen zum Genus

- Alle Städte- und Ländernamen auf *-us* sind feminin. — Corinthus antiqua
- *humus, -i*, f. der Boden, die Erde — humus arida
- *vulgus, -i*, n. das Volk — vulgus excitatum

1.3 Die Substantive der 3. Deklination

Die oft so genannte 3. Deklination ist die vielfältigste und umfasst die meisten Substantive, die die lateinische Sprache kennt. Man kann sie in drei verschiedene Gruppen gliedern:

- Konsonantenstämme (oder „Konsonantische Deklination"),
- i-Stämme (oder „i-Deklination"),
- Mischklasse (oder „Mischdeklination").

1.3.1 Konsonantenstämme („Konsonantische Deklination")

• Die Konsonantenstämme umfassen Substantive aller Genera.	
• Die Endungen treten an den bloßen Wortstamm.* Diesen erhält man, indem man beim Genitiv die Endung *-is* wegstreicht.	orator, orator-is arx, arc-is lumen, lumin-is
Maskulina sind die Substantive	
• auf *-l, -lis* (l-Stämme)	alter consul (consulis)
• auf *-or, -oris* auf *-er, -(e)ris* } (r-Stämme)	orator (oratoris) clarus agger (aggeris) altus
• auf *-os, -oris* (s-Stämme)	mos (moris) antiquus
• auf *-es, -itis*	miles (militis) Romanus
Feminina sind die Substantive	
• auf *-o, -onis* und auf *-o, -inis* (n-Stämme)	oratio (orationis) clara imago (imaginis) praeclara
• auf *-as, -atis*; auf *-es, -etis / -edis*, auf *-os, -otis* und auf *-us, -utis* (d / t-Stämme)	civitas (civitatis) Romana magna merces (mercedis) magna virtus (virtutis)
• auf *-s nach p- oder k-Laut* (b / p- und c / g-Stämme)	lex (legis) iusta plebs (plebis) Romana
Neutra sind die Substantive	
• auf *-men, -minis* (n-Stämme)	carmen (carminis) pulchrum
• auf *-us, -oris* auf *-us, -eris* } (s-Stämme)	litus (litoris) amoenum sidus (sideris) clarum

* außer in einigen Fällen im Nominativ

	Singular		Plural	
Nom.	orator	civitas	orator-es	civitat-es
Gen.	orator-is	civitat-is	orator-um	civitat-um
Dat.	orator-i	civitat-i	orator-ibus	civitat-ibus
Akk.	orator-em	civitat-em	orator-es	civitat-es
Abl.	ab orator-e	a civitat-e	ab orator-ibus	a civitat-ibus

Ausnahmen zum Genus

Feminina sind alle Substantive auf *-or* oder *-er*, die Frauen bezeichnen. — uxor (uxoris) bona

Folgende weitere Substantive haben von der Regel abweichendes Genus:

arbor, -oris, f.	der Baum	arbor alta
tellus, -uris, f.	die Erde	tellus nigra
aequor, -oris, n.	das Meer	aequor vastum
iter, itineris, n.	der Weg, die Reise	longum iter
ver, veris, n.	der Frühling	ver iucundum
os, oris, n.	der Mund	parvum os
sermo, -onis, m.	die Rede	sermo longus
homo, -inis, m.	der Mensch	homo bonus
ordo, ordinis, m.	die Ordnung, der Stand	ordo senatorius
custos, -odis, m.	der Wächter	custos bonus
sacerdos, -otis, m.	der Priester	sacerdos pius
pes, pedis, m.	der Fuß	pes dexter
dux, ducis, m.	der Führer, Feldherr	dux fortis
iudex, iudicis, m.	der Richter	iudex severus
rex, regis, m.	der König	rex bonus
senex, senis, m.	der Greis, alte Mann	senex infirmus
princeps, -cipis, m.	der Erste, führende Mann, Fürst	princeps bonus

1.3.2 i-Stämme („i-Deklination“)

Die reinen i-Stämme haben in allen Kasus, ausgenommen Nom. und Akk. Sg. des Neutrums, den **Stammauslaut *-i*.**

Zu den i-Stämmen gehören:

- die folgenden gleichsilbigen Feminina auf ***-is, -is***

febris, -is, f.	das Fieber	febris mala
sitis, -is, f.	der Durst	sitis mala
turris, -is, f.	der Turm	turris alta
vis (vim, vi), f.	die Kraft, Gewalt	magna vis
Pl. *vires, -ium,* f.	die Kräfte, Streitkräfte, Truppen	vires ingentes

- die Neutra auf ***-e, -al*** und ***-ar***

mare, -is, n.	das Meer	mare altum
animal, -lis, n.	das Lebewesen, Tier	animal terribile
		exemplar egregium

	Singular		Plural	
Nom.	turr-is	mar-e	turr-es	mar-ia
Gen.	turr-is	mar-is	turr-ium	mar-ium
Dat.	turr-i	mar-i	turr-ibus	mar-ibus
Akk.	turr-im	mar-e	turr-es (-is)	mar-ia
Abl.	turr-i	mar-i	turr-ibus	mar-ibus

Ausnahme zum Genus

Tiberis, -is, m.	der Tiber	Tiberis altus

1.3.3 Mischklasse

- Die Substantive der Mischklasse bilden
  1. wie die reinen i-Stämme den Gen. Pl. auf *-ium*
  2. wie die Konsonantenstämme den Akk. Sg. auf *-em*, den Abl. Sg. auf *-e*
- Sie sind Feminina.
- Zur Mischklasse gehören:
  1. Substantive auf *-s* mit vorausgehendem Konsonanten — magna pars (partis)
  2. Gleichsilbige Substantive auf *-es* und *-is* — nubes (nubis) atra, navis (navis) longa

	Singular		Plural	
Nom.	nav-is	pars	nav-es	part-es
Gen.	nav-is	part-is	nav-ium	part-ium
Dat.	nav-i	part-i	nav-ibus	part-ibus
Akk.	nav-em	part-em	nav-es	part-es
Abl.	nav-e	part-e	nav-ibus	part-ibus

Ausnahmen zum Genus

collis, -is, m.	der Hügel	collis arduus
finis, -is, m.	das Ende, die Grenze	finis exspectatus
ignis, -is, m.	das Feuer	ignis calidus
mensis, -is, m.	der Monat	mensis Martius
orbis, -is, m.	der Kreis	magnus orbis (terrarum)
dens, dentis, m.	der Zahn	dens albus
fons, fontis, m.	die Quelle	fons clarus
mons, montis, m.	der Berg	mons altus
pons, pontis, m.	die Brücke	pons altissimus

Ausnahmen zur Kasusbildung

Den Genitiv Plural auf -um bilden:

canis, -is, m.	der Hund	clamor canum
iuvenis, -is, m.	der junge Mann	multitudo iuvenum
sedes, -is, f.	der Wohnsitz	pulchritudo sedum

1.4 Die Substantive der u-Deklination

- Die Substantive der u-Deklination haben in fast allen Kasus den **Stammauslaut -*u***.
- Die Substantive der u-Deklination sind **Maskulina**. Neutrum ist nur: *cornu, -us* (das Horn).

casus malus

Singular

	Singular		Plural	
	m.	n.	m.	n.
Nom.	exercit-us	corn-u	exercit-us	corn-ua
Gen.	exercit-us	corn-us	exercit-uum	corn-uum
Dat.	exercit-ui	corn-u	exercit-ibus	corn-ibus
Akk.	exercit-um	corn-u	exercit-us	corn-ua
Abl.	exercit-u	corn-u	exercit-ibus	corn-ibus

Ausnahmen zum Genus

manus, -us, f.	die Hand, Schar	manus dextra
porticus, -us, f.	die Säulenhalle	porticus pulchra
*domus, -us**, f.	das Haus	domus ampla
Idus, -uum, f. (Pl.)	die Iden	Idus Martiae

* z. T. nach der o-Deklination dekliniert (Abl. Sg.: *domo*; Gen. Pl. *domuum / domorum*, Akk. Pl. *domos*)

1.5 Die Substantive der e-Deklination

- Die Substantive der e-Deklination haben in fast allen Kasus den **Stammauslaut *-e*.**
- Die Substantive der e-Deklination sind **Feminina.**

res bona

	Singular		Plural	
Nom.	r-es	di-es	r-es	di-es
Gen.	r-ei	di-ei	r-erum	di-erum
Dat.	r-ei	di-ei	r-ebus	di-ebus
Akk.	r-em	di-em	r-es	di-es
Abl.	r-e	di-e	r-ebus	di-ebus

Ausnahmen zum Genus

dies, diei, m. — der Tag

meridies, -ei, m. — der Mittag, Süden

dies festus

meridies tranquillus

2 Adjektive

- Adjektive (Eigenschaftswörter) sind in Kasus, Numerus und Genus an ein Substantiv angeglichen. Dies nennt man **Kongruenz**.

domina <u>iusta</u>
dominae <u>iustae</u>
domini <u>iusti</u>

- Adjektive werden von der o-/a-Deklination und von der 3. Deklination gebildet.

bonus, bona, bonum
acer, acris, acre
felix (felicis)

2.1 Adjektive der o-/a-Deklination

- Die Adjektive der o-/a-Deklination sind **dreiendig**: sie bilden für jedes Genus eine eigene Form.
- Sie enden auf ***-us, -a, -um*** oder auf ***-er, -(e)ra, -(e)rum***.

bonus, bona, bonum
niger, nigra, nigrum

	Singular			Plural		
	m.	f.	n.	m.	f.	n.
Nom.	bon-us	bon-a	bon-um	bon-i	bon-ae	bon-a
Gen.	bon-i	bon-ae	bon-i	bon-orum	bon-arum	bon-orum
Dat.	bon-o	bon-ae	bon-o	bon-is	bon-is	bon-is
Akk.	bon-um	bon-am	bon-um	bon-os	bon-as	bon-a
Abl.	bon-o	bon-a	bon-o	bon-is	bon-is	bon-is
Nom.	niger	nigr-a	nigr-um	nigr-i	nigr-ae	nigr-a
Gen.	nigr-i	nigr-ae	nigr-i	nigr-orum	nigr-arum	nigr-orum
Dat.	nigr-o	nigr-ae	nigr-o	nigr-is	nigr-is	nigr-is
Akk.	nigr-um	nigr-am	nigr-um	nigr-os	nigr-as	nigr-a
Abl.	nigr-o	nigr-a	nigr-o	nigr-is	nigr-is	nigr-is

2.2 Adjektive der 3. Deklination

Adjektive der 3. Deklination gehören den i-Stämmen an: Sie bilden
- den Abl. Sg. auf *-i*
- den Gen. Pl. auf *-ium*
- den Nom./Akk. Pl. n. auf *-ia*
- jedoch den Akk. Sg. auf *-em*

Die 3. Deklination bildet
- dreiendige (m., f., n.), — acer, acris, acre
- zweiendige (m./f., n.) und — fortis, forte
- einendige (m./f./n.) Adjektive. — felix

2.2.1 Dreiendige Adjektive

	Singular			Plural		
	m.	f.	n.	m.	f.	n.
Nom.	acer	acr-is	acr-e	acr-es	acr-es	acr-ia
Gen.	acr-is	acr-is	acr-is	acr-ium	acr-ium	acr-ium
Dat.	acr-i	acr-i	acr-i	acr-ibus	acr-ibus	acr-ibus
Akk.	acr-em	acr-em	acr-e	acr-es	acr-es	acr-ia
Abl.	acr-i	acr-i	acr-i	acr-ibus	acr-ibus	acr-ibus

2.2.2 Zweiendige Adjektive

	Singular		Plural	
	m./f.	n.	m./f.	n.
Nom.	fortis	fort-e	fort-es	fort-ia
Gen.	fort-is	fort-is	fort-ium	fort-ium
Dat.	fort-i	fort-i	fort-ibus	fort-ibus
Akk.	fort-em	fort-e	fort-es	fort-ia
Abl.	fort-i	fort-i	fort-ibus	fort-ibus

2.2.3 Einendige Adjektive

	Singular		Plural	
	m./f.	n.	m./f.	n.
Nom.	felix	felix	felic-es	felic-ia
Gen.	felic-is	felic-is	felic-ium	felic-ium
Dat.	felic-i	felic-i	felic-ibus	felic-ibus
Akk.	felic-em	felix	felic-es	felic-ia
Abl.	felic-i	felic-i	felic-ibus	felic-ibus

Ausnahmen

Die folgenden einendigen Adjektive gehören zu den Konsonantenstämmen und bilden daher:

- den Abl. Sg. auf *-e*
- den Gen. Pl. auf *-um*
- den Nom./Akk. Pl. n. auf *-a*.

dives, divitis	reich	cum amico divite
vetus, veteris	alt	amicorum veterum
pauper, -eris	arm	cum amica paupere
inops, inopis	arm	amicorum inopum
princeps, -cipis	führend; der erste	virorum principum
particeps, -cipis	teilhaftig	discipulorum participum rationis

2.3 Die Komparation der Adjektive

Man unterscheidet bei der Steigerung drei Vergleichsstufen:

- Positiv (Grundstufe),
- Komparativ (erste Steigerungsstufe) und
- Superlativ (zweite Steigerungsstufe, „Höchststufe").

2.3.1 Formen

Komparativ	
• Der Komparativ ist zweiendig.	
• An den Wortstamm des Adjektivs wird *-ior / -ioris* bei m. / f. und *-ius / -ioris* bei n. angefügt.	longus → longior, longius miser → miserior, miserius pulcher → pulchrior, pulchrius brevis → brevior, brevius ingens → ingentior, ingentius
• Die Deklination entspricht der der Konsonantenstämme auf -r.	
Superlativ	
• Der Superlativ ist dreiendig.	longus → long-issimus, -a, -um
• An den Wortstamm des Adjektivs wird *-issimus, -a, -um* angehängt.	brevis → brev-issimus, -a, -um ingens → ingent-issimus, -a, -um
• Bei den Adjektiven auf *-er* wird *-rimus, -a, -um* angehängt.	miser → miser-rimus, -a, -um celer → celer-rimus, -a, -um
• Bei den Adjektiven auf *-ilis* wird *-limus, -a, -um* angehängt.	facilis → facil-limus, -a, -um humilis → humil-limus, -a, -um
• Der Superlativ wird dekliniert wie ein Adjektiv der a- / o-Deklination.	

Besonderheiten

Unregelmäßige Steigerungsformen haben die Adjektive *bonus, malus, magnus, parvus* sowie *multum* bzw. *multi, -ae, -a*.

Positiv	Komparativ	Superlativ
bonus, -a, -um	melior, -ius	optimus, -a, -um
malus, -a, -um	peior, -ius	pessimus, -a, -um
magnus	maior, -ius	maximus, -a, -um
parvus, -a, -um	minor, -us	minimus, -a, -um
multum	plus	plurimum
multi, -ae, -a	plures, -a	plurimi, -ae, -a

2.3.2 Übersetzung

Komparativ

- In einem Vergleich drückt der Komparativ ein „Mehr" oder „Weniger" aus (größer, schöner, schlechter, …). Im Deutschen wird analog mit Komparativ übersetzt.

Marcus celerior quam frater est.
Markus ist schneller als sein Bruder.

- Bei Fehlen einer Vergleichsgröße hat der Komparativ eine verstärkende oder abschwächende Wirkung. Sie wird im Deutschen wiedergegeben durch „zu", „ziemlich" oder „etwas".

oratio longior
eine zu (ziemlich, etwas) lange Rede

Superlativ

- In einem Vergleich bezeichnet der Superlativ den höchsten Grad. Im Deutschen wird er analog mit Superlativ wiedergegeben.

equus celerrimus
das schnellste Pferd

- Der Superlativ kann jedoch auch einen (lediglich) sehr hohen Grad meinen (sog. „Elativ"). Im Deutschen wird dies ausgedrückt durch die Einfügung von „sehr", „äußerst".

equus celerrimus
ein sehr schnelles Pferd

3 Pronomina

Ein Pronomen (Fürwort) kann

- für ein Nomen (Substantiv oder Adjektiv) stehen,

hic
dieser

- ein Nomen näher bestimmen,

ille vir
jener Mann

- etwas verallgemeinern.

quacumque ratione
auf jede beliebige Weise

3.1 Personalpronomina

- Personalpronomina sind **persönliche Fürwörter**.
  Im Lateinischen gibt es folgende Personalpronomina:

ego	ich	*nos*	wir
tu	du	*vos*	ihr

- Die Personalpronomina der **3. Person** ersetzt:

is, ea, id	er, sie, es
ii, eae, ea	sie, es

Id mihi placet.
Dies (Es) gefällt mir.

Bei reflexiven Formen wird das **Reflexivpronomen** verwendet.

Se ipsum amat.
Er liebt sich selbst.

	Singular			Plural		
	1. Pers.	2. Pers.	3. Pers.	1. Pers.	2. Pers.	3. Pers.
Nom.	ego	tu	–	nos	vos	–
Gen.	mei	tui	sui	nostri	vestri	sui
Dat.	mihi	tibi	sibi	nobis	vobis	sibi
Akk.	me	te	se	nos	vos	se
Abl.	a me	a te	a se	a nobis	a vobis	a se
	mecum	tecum	secum	nobiscum	vobiscum	secum

Besonderheiten

- Der Nominativ wird nur bei besonderer Hervorhebung verwendet.

Ego hoc feci.
Ich (selbst; kein anderer!) habe das gemacht.

- Beim Genitivus partitivus (vgl. S. 91) steht statt *nostri: nostrum* und statt *vestri: vestrum.*

Quis vestrum?
Wer von euch?

3.2 Possessivpronomina

- Das Possessivpronomen ist das besitzanzeigende Fürwort.

domus mea
mein Haus

- Das Possessivpronomen wird wie ein Adjektiv der o-/a-Deklination dekliniert:

meus, -a, -um	mein
tuus, -a, -um	dein
suus, -a, -um	sein, ihr
noster, -tra, -trum	unser
vester, -tra, -trum	euer
suus, -a, -um	ihr (Pl.)

- Meist stehen Possessivpronomina nach ihrem Bezugswort; will man sie jedoch hervorheben, stehen sie vor diesem.

nostra opera
unsere Werke
(im Gegensatz zu den Werken anderer)

- Für die nicht-reflexiven Formen werden in der 3. Person die Genitiv-Formen von *is, ea, id* als Ersatz verwendet.

Cicero orator egregius erat. Orationes eius adhuc leguntur.
Cicero war ein hervorragender Redner. Seine Reden werden noch heute gelesen.

- Oft fehlen die Possessivpronomina, wenn die Zuordnung klar ist.

Liberi parentes amant.
Die Kinder lieben ihre Eltern.

3.3 Demonstrativpronomina

Ein Demonstrativpronomen ist ein hinweisendes Fürwort.

Im Lateinischen gibt es folgende Demonstrativpronomina:

- *hic, haec, hoc* dieser (hier)

  Hinweis auf etwas räumlich oder zeitlich Naheliegendes.

hic vir
dieser Mann (hier)

	Singular			Plural		
	m.	f.	n.	m.	f.	n.
Nom.	hic	haec	hoc	hi	hae	haec
Gen.	huius	huius	huius	horum	harum	horum
Dat.	huic	huic	huic	his	his	his
Akk.	hunc	hanc	hoc	hos	has	haec
Abl.	hoc	hac	hoc	his	his	his

- *iste, ista, istud* dieser (da)

  Hinweis auf ein Gegenüber; oft in verächtlichem Sinn.

iste adulescens
dieser junge Mann da (im Sinne von: dieser junge Taugenichts)

	Singular			Plural		
	m.	f.	n.	m.	f.	n.
Nom.	iste	ista	istud	isti	istae	ista
Gen.	istius	istius	istius	istorum	istarum	istorum
Dat.	isti	isti	isti	istis	istis	istis
Akk.	istum	istam	istud	istos	istas	ista
Abl.	isto	ista	isto	istis	istis	istis

- ***ille, illa, illud*** jener (dort)

  1. Hinweis auf etwas räumlich oder zeitlich **Fernliegendes**.

     illis temporibus
     zu jenen (fernen) Zeiten

  2. Hinweis auf etwas **Bekanntes** oder Berühmtes.

     ille Socrates
     jener (berühmte) Sokrates

  Ille, illa, illud folgt der Deklination von *iste, ista, istud*.

- ***ipse, ipsa, ipsum*** selbst, persönlich

  1. Identifizierung einer Person oder Sache.

     Romae pontificem maximum ipsum vidi.
     In Rom habe ich den Papst selbst (persönlich) gesehen.

  2. Nachdrückliche Betonung, dass jemand in eigener Person gemeint ist. Im Deutschen kann die Übersetzung mit **„schon“**, **„gerade“** oder **„an sich“** der Hervorhebung dienen.

     eo ipso tempore
     gerade zu dieser Zeit

	Singular			Plural		
	m.	f.	n.	m.	f.	n.
Nom.	ipse	ipsa	ipsum	ipsi	ipsae	ipsa
Gen.	ipsius	ipsius	ipsius	ipsorum	ipsarum	ipsorum
Dat.	ipsi	ipsi	ipsi	ipsis	ipsis	ipsis
Akk.	ipsum	ipsam	ipsum	ipsos	ipsas	ipsa
Abl.	ipso	ipsa	ipso	ipsis	ipsis	ipsis

- ***is, ea, id*** der; dieser; derjenige; er

1. Hinweis auf etwas **schon Erwähntes** oder Vorliegendes.

   M. Romae est. Eam urbem amat.
   M. ist in Rom. Diese Stadt liebt er.

2. Ersatz für **Personal- / Possessivpronomina** der **3. Person.**

   Parentes eius ei saepe litteras dant.
   Seine Eltern schreiben ihm oft.

3. **Vorausweisend** auf ein folgendes Relativpronomen.

   Id, quod fecisti, malum est.
   Das, was du getan hast, ist schlimm.

	Singular			Plural		
	m.	f.	n.	m.	f.	n.
Nom.	is	ea	id	ei (ii)	eae	ea
Gen.	eius	eius	eius	eorum	earum	eorum
Dat.	ei	ei	ei	eis (iis)	eis (iis)	eis (iis)
Akk.	eum	eam	id	eos	eas	ea
Abl.	eo	ea	eo	eis (iis)	eis (iis)	eis (iis)

- ***idem, eadem, idem*** derselbe, der gleiche

Verweis auf eine **Identität.**

Eadem monumenta nobis placent.
Uns gefallen die gleichen Denkmäler.

Idem, eadem, idem folgt der Deklination von *is, ea, id.*

	Singular			Plural		
	m.	f.	n.	m.	f.	n.
Nom.	idem	eadem	idem	iidem	eaedem	eadem
Gen.	eiusdem	eiusdem	eiusdem	eorundem	earundem	eorundem
Dat.	eidem	eidem	eidem	eisdem	eisdem	eisdem
Akk.	eundem	eandem	idem	eosdem	easdem	eadem
Abl.	eodem	eadem	eodem	eisdem	eisdem	eisdem

3.4 Interrogativpronomina

Ein Interrogativpronomen ist ein **fragendes Fürwort**.

Im Lateinischen gibt es folgende Interrogativpronomina:

- ***quis? quid?*** (substantivisch) — wer? was?

Quis mihi auxilio venit?
Wer kommt mir zu Hilfe?

	m./f.		n.	
Nom.	quis	*wer?*	quid	*was?*
Gen.	cuius	*wessen?*	cuius	*wessen?*
Dat.	cui	*wem?*	cui	*(wofür?)*
Akk.	quem	*wen?*	quid	*was?*
Abl.	a quo	*von wem?*	quo	*wovon? wodurch?*

- ***qui? quae? quod?*** — welcher? welche? welches?

  Das adjektivische *qui? quae? quod?* wird dekliniert wie das Relativpronomen (S. 22)

Quae urbs tibi maxime placet?
Welche Stadt gefällt dir am meisten?

- ***uter? utra? utrum?*** — welcher (welche, welches) von beiden?

Romae et Athenis fuisti. Utra urbs tibi magis placet?
Du warst in Rom und Athen. Welche der beiden Städte gefällt dir mehr (besser)?

	m.	f.	n.
Nom.	uter	utra	utrum
Gen.	utrius	utrius	utrius
Dat.	utri	utri	utri
Akk.	utrum	utram	utrum
Abl.	utro	utra	utro

3.5 Das Relativpronomen

Das Relativpronomen ist das **bezügliche Fürwort.**

- ***qui, quae, quod*** — *der (welcher), die, das*

Das Relativpronomen bezieht sich auf ein Nomen im übergeordneten Satz, gelegentlich auf den Inhalt des ganzen Satzes.

Nuntius, quem diu exspectaveram, heri tandem venit.
Der Bote, auf den ich lange gewartet hatte, ist gestern endlich gekommen.

	Singular			Plural		
	m.	f.	n.	m.	f.	n.
Nom.	qui	quae	quod	qui	quae	quae
Gen.	cuius	cuius	cuius	quorum	quarum	quorum
Dat.	cui	cui	cui	quibus	quibus	quibus
Akk.	quem	quam	quod	quos	quas	quae
Abl.	quo	qua	quo	quibus	quibus	quibus

3.6 Verallgemeinernde Pronomina

Zu den verallgemeinernden Pronomina gehören:

- ***quisquis, quidquid*** (substantivisch und adjektivisch) — wer/was auch immer; jeder der/alles, was
- ***quicumque, quaecumque, quodcumque*** (adjektivisch) — welcher … auch immer; jeder erdenkliche …

Adjektivischer Gebrauch nur in der Redewendung quoquo modo *(auf jegliche Art und Weise)*

Der Bestandteil *qui, quae, quod* wird dekliniert wie das Relativpronomen; das Suffix *-cumque* bleibt stets gleich.

Quacumque ratione tibi subveniam.
Ich werde (will) dir auf jede erdenkliche Weise helfen.

3.7 Indefinitpronomina

Indefinitpronomina sind unbestimmte Fürwörter. Dazu gehören:

- ***aliquis, aliquid*** (substantivisch) – irgendjemand, irgendetwas

Semper aliquid haeret.
Es bleibt immer irgendetwas hängen.

- ***aliqui, aliqua, aliquod*** (adjektivisch) – irgendein, -eine, -ein

alicuius rei causa
irgendeiner Sache wegen

Die Deklination folgt der von *quis / quid* bzw. *qui / quae / quod.*

Besonderheit
Nach ***si, nisi, ne, num, quo, quanto, cum*** entfällt das Affix ***ali-***.

Vide, <u>ne</u> <u>quid</u> mali tibi accidat!
Sieh zu, dass dir nichts Schlimmes geschieht!

- ***quisquam, quicquam*** (substantivisch) – irgendjemand, irgendein

Neque quicquam audivi nec vidi.
Ich habe weder etwas gehört noch gesehen.

In verneinten Sätzen gebraucht; die Deklination folgt *quis / quid.*

- ***ullus, -a, -um*** (adjektivisch) – irgendein, -eine

sine ulla spe
ohne jegliche Hoffnung

In verneinten Sätzen gebraucht; die Deklination folgt der o- / a-Deklination; unregelmäßig ist jedoch **Gen. Sg. *ullius*** und **Dat. Sg. *ulli*.**

- ***quidam, quiddam*** (substantivisch)
- ***quidam, quaedam, quoddam*** (adjektivisch)

} ein gewisser, bestimmter; im Pl. auch: einige, manche

quidam adulescens mihi nomine tantum notus
ein (gewisser) junger Mann, der mir nur dem Namen nach bekannt ist

Quidam putant …
Manche glauben …

Bezeichnung von jemand / etwas, über den / das man nichts Näheres weiß oder sagen will.

Das Suffix *-dam* bleibt undekliniert.

Scio quosdam putare …
Ich weiß, dass manche glauben …

• ***quisque, quidque*** (substantivisch)	jeder, jede Sache	Sibi quisque proximus est. *Jeder ist sich selbst der Nächste.*
• ***quisque, quaeque, quodque*** (adjektivisch)	jeder, jede, jedes	
Quisque steht unmittelbar nach Pronomina, Superlativen oder Ordnungszahlen.		Suum cuique! *Jedem das Seine!*
Dekliniert wird der Bestandteil *quis, quid* bzw. *qui, quae, quod.*		
• ***unusquisque, unaquaeque, unumquodque*** (adjektivisch)	jeder Einzelne, ein jeder	Unumquemque vestrum rogavi. *Ich habe jeden Einzelnen von euch gefragt.*
Dekliniert wird sowohl *quis, quid* als auch *unus, una, unum.*		
• ***quivis, quidvis*** (substantivisch)	jeder Beliebige; alles, was	
• ***quivis, quaevis, quodvis*** (adjektivisch)	jeder Beliebige; alles, was	quavis ratione *auf jede beliebige Weise*
• ***quilibet, quidlibet*** (substantivisch)	jeder Beliebige; alles, was	
• ***quilibet, quaelibet, quodlibet*** (adjektivisch)	jeder Beliebige; alles, was	qualibet ratione *auf jede beliebige Weise*
Dekliniert wird der Bestandteil *quis, quid* bzw. *qui, quae, quod.*		

- ***nullus, nulla, nullum*** keiner, keine, keines

  nullus, -a, -um wird dekliniert wie *unus, -a, -um* (vgl. S. 29)

- ***nemo*** niemand
- ***nihil*** nichts

  Die Deklination von *nemo* und *nihil* ist unregelmäßig.

Nulli amicae occurristi.
Du bist keiner Freundin begegnet.

	m./f.	n.
Nom.	nemo	nihil
Gen.	nullius	(nullius rei)
Dat.	nemini	(nulli rei)
Akk.	neminem	nihil
Abl.	a nullo	nulla re

3.8 Pronomina für Zweiheiten

- ***uter? utra? utrum?*** welcher (welche, welches) von beiden?
- ***uterque, utraque, utrumque*** jeder (jede, jedes) von beiden; beide
- ***neuter, neutra, neutrum*** keiner (keine, keines) von beiden
- ***alter, altera, alterum*** der (die, das) eine von beiden
- ***alter … alter*** der eine … der andere (von beiden)

  Die Deklination folgt der von ***uter, utra, utrum*** (S. 21); bei ***uterque*** bleibt das Suffix ***-que*** unverändert.

Utrique eadem placent.
Beiden (Jedem von beiden) gefällt dasselbe.

3.9 Pronominaladjektive

- ***unus, -a, -um*** einer, einzig
- ***totus, -a, -um*** ganz
- ***solus, -a, -um*** allein

  totus und *solus* werden wie *unus* dekliniert (vgl. S. 29).
- ***alius, alia, aliud*** ein anderer

  Im Singular unregelmäßig:

Tibi soli donum dedi.
Dir allein habe ich ein Geschenk gemacht.

Opinio alterius amici
die Meinung eines anderen Freundes

	m.	f.	n.
Nom.	alius	alia	aliud
Gen.	alterius	alterius	alterius
Dat.	alii	alii	alii
Akk.	alium	aliam	aliud
Abl.	alio	alia	alio

3.10 Korrelativa

Einige Adjektive sind von Pronominalstämmen abgeleitet. Sie stehen in einer Wechselbeziehung (Korrelation) zu einem ähnlichen Adjektiv.

- ***tantus … quantus***, ***tanta … quanta***, ***tantum … quantum*** – so groß … wie (groß); so viel … wie (viel)
- ***talis … qualis***, ***tale … quale*** – so (beschaffen) … wie ; ein solcher, wie
- ***tot … quot*** (indeklinabel) – so viele … wie

Quot homines, tot sensus.
Wie viele Menschen (es gibt), so viele Meinungen (findet man).

Ingenia mea non tanta sunt quanta tua.
Meine Begabungen / Talente sind nicht so groß wie die deinen.

Qualis dominus, talis servus.
Wie der Herr, so (ist auch) sein Sklave.

4 Numeralia

Numeralia sind Zahlwörter. Es gibt vier Arten von Numeralia:

- Grundzahlen (*cardinalia*) geben auf die Frage „Wie viele?" eine Menge an.
  unus, duo, …
  einer, zwei, …
- Ordnungszahlen (*ordinalia*) bezeichnen auf die Frage „Der wievielte?" eine Reihenfolge.
  primus, secundus, …
  der erste, der zweite, …
- Einteilungszahlen (*distributiva*) verwendet man auf die Frage: Wie viele jeweils? bei einer Verteilung von Mengen.
  singuli, bini
  je einer, je zwei, …
- Zahladverbien bezeichnen auf die Frage „Wie oft? Wie viel mal?" Häufigkeiten.
  semel, bis, …
  einmal, zweimal, …

4.1 Grund- und Ordnungszahlen

	Grundzahlen	Ordnungszahlen
1	unus, -a, -um	primus, -a, -um
2	duo, duae, duo	secundus, -a, -um
3	tres, tria[1]	tertius, -a, -um
4	quattuor	quartus, -a, -um
5	quinque	quintus, -a, -um
6	sex	sextus, -a, -um
7	septem	septimus, -a, -um
8	octo	octavus, -a, -um
9	novem	nonus, -a, -um
10	decem	decimus, -a, -um
11	undecim	undecimus, -a, -um
12	duodecim	duodecimus, -a, -um
13	tredecim	tertius (-a, -um) decimus (-a, -um)

1 *tres, tria* ist zweiendig, hat also für Maskulinum und Femininum dieselbe Endung (*tres*).

20	viginti	vicesimus, -a, -um
30	triginta	tricesimus, -a, -um
40	quadraginta	quadragesimus, -a, -um
50	quinquaginta	quinquagesimus, -a, -um
60	sexaginta	sexagesimus, -a, -um
70	septuaginta	septuagesimus, -a, -um
80	octoginta	octogesimus, -a, -um
90	nonaginta	nonagesimus, -a, -um
100	centum	centesimus, -a, -um
200	ducenti, -ae, -a	ducentesimus, -a, -um
300	trecenti, -ae, -a	trecentesimus, -a, -um
1 000	mille	millesimus, -a, -um
2 000	duo milia	bis millesimus, -a, -um

4.1.1 Deklination

- Von den **Grundzahlen** werden nur die ersten drei und die Hunderterzahlen ab 200 dekliniert. *Mille* ist indeklinabel; dekliniert wird ab 2 000 (die Deklination von *milia* folgt der von *tria*)

cum mille militibus
mit 1 000 Soldaten

cum duobus milibus militum
mit 2 000 Soldaten

- Die **Zehnerzahlen** erkennt man (ab 30) an der Endung ***-ginta***, die **Hunderterzahlen** an der Endung ***-centi, -ae, -a*** oder ***-genti, -ae, -a***.

octoginta
80

octingenti
800

- Die **Ordnungszahlen** werden wie die Adjektive der a-/o-Deklination dekliniert.

filia secunda
die zweite Tochter

- *unus, -a, -um; duo, duae, duo* und *tres, tria* werden unregelmäßig dekliniert.

	m.	f.	n.
Nom.	un-us	un-a	un-um
Gen.	un-ius	un-ius	un-ius
Dat.	un-i	un-i	un-i
Akk.	un-um	un-am	un-um
Abl.	un-o	un-a	un-o

	m.	f.	n.	m./f.	n.
Nom.	duo	duae	duo	tres	tria
Gen.	duorum	duarum	duorum	trium	trium
Dat.	duobus	duabus	duobus	tribus	tribus
Akk.	duo (du-os)	duas	duo	tres	tria
Abl.	duobus	duabus	duobus	tribus	tribus

4.1.2 Bildung mehrstelliger Zahlen

Zusammengesetzte mehrstellige Zahlen werden folgendermaßen gebildet:

- Die **höchste Zahl** geht **voraus**, es folgen nacheinander die nächstkleineren Zahlen.

quattuor milia trecenti viginti tres
4 323

anno p. Chr. n. millesimo nongentesimo octogesimo septimo
im Jahr 1987 n. Chr.

- Bei **Zehnerzahlen** kann die **kleinere Zahl** vorausgehen. Die folgende wird mit ***et*** angeschlossen.

sex et viginti (= viginti sex)
26

Besonderheit

- Zahlen, die mit den Einern 8 oder 9 enden, werden meist durch Subtraktion von 1 bzw. 2 (mit *de*) von der nächsten Zehnerzahl gebildet.

duo<u>de</u>viginti, un<u>de</u>viginti
18, 19 (zwanzig weniger zwei / eins)

4.2 Einteilungszahlen

Folgende Einteilungszahlen kommen häufiger vor:	
singuli, -ae, -a	je ein, einzeln
bini, -ae, -a	je zwei
terni, -ae, -a	je drei

Magister discipulos singulos venire iussit.
Der Lehrer ließ die Schüler einzeln kommen.

4.3 Zahladverbien

Folgende Zahladverbien kommen häufiger vor:	
semel	einmal
bis	zweimal
ter	dreimal
quater	viermal
quinquie(n)s	fünfmal
decies	zehnmal
centies	hundertmal
milies	tausendmal

Te bis vocavi.
Ich habe dich zweimal gerufen.

Unflektierte Wortarten

1 Adverbien

Ein Adverb charakterisiert Handlungen, Sachverhalte oder Zustände, also in der Regel den Inhalt des Verbums. Man unterscheidet:

- Adverbien des Ortes
- Adverbien der Zeit
- Adverbien des Grundes
- Adverbien der Art und Weise

1.1 Bildung

Viele Adverbien werden aus Adjektiven abgeleitet.

Adjektive der a-/o-Deklination: Wortstock + Endung *-e*	iustus liber pulcher	→ → →	iust-e liber-e pulchr-e
Adjektive der 3. Deklination: Wortstock + Endung *-iter*	celer acris facilis	→ → →	celer-iter acr-iter facil-iter
Adjektive der 3. Deklination mit Wortstock auf *-nt*: Wortstock + Endung *-er*	constans prudens	→ →	constant-er prudent-er

1.2 Steigerung

Die Bildung der Steigerungsformen entspricht derjenigen der Adjektive.

• Komparativ: Wortstock des Adverbs + Endung *-ius*	iuste pulchre	→ →	iust-ius pulchr-ius
• Superlativ: Wortstock des Adverbs + Endung *-issime*, *-rime* (bei Wortstock auf -r), *-lime* (bei Wortstock auf -il).	iust-e liber-e facil-iter	→ → →	iust-issime liber-rime facil-lime

Besonderheiten

Bei Adjektiven mit unregelmäßiger Steigerung (vgl. 14 f.) sind auch die Steigerungsformen des Adverbs unregelmäßig.

Adjektiv	Adverb	Komparativ	Superlativ
bonus *gut*	bene *gut*	melius *besser*	optime *am besten*
malus *schlecht*	male *schlecht*	peius *schlechter*	pessime *am schlechtesten*
magnus *groß*	magnopere *sehr*	magis *mehr*	maxime *am meisten*
parvus *klein*	paulum *wenig*	minus *weniger*	minime *am wenigsten*
multum / multi *viel / viele*	multum *viel*	plus *mehr*	plurimum *am meisten*

2 Präpositionen

- Eine Präposition ist ein **Verhältniswort**. Sie steht fast immer vor *(prae)* ihrem Bezugswort.
- Präpositionen bestimmen den Kasus ihres Bezugsworts. Sie ziehen den **Akkusativ** oder den **Ablativ** nach sich.

  ad porticum
  zur Säulenhalle

  in porticu
  in der Säulenhalle

  Ausnahmen sind:

  causa / ***gratia*** (m. Gen., nachgest.) um … willen, wegen

  liberorum causa
  um der Kinder willen
- Meist machen sie Angaben zu Zeit oder Ort; gelegentlich haben sie übertragene Bedeutung.

2.1 Präpositionen mit Akkusativ

• *ad*	zu, an, bei, bis	ad Misenum *bei Misenum* ad Rhenum proficisci *zum Rhein aufbrechen* (usque) ad decimum annum *bis zum zehnten Jahr* ad aliquid pertinere *sich auf etwas beziehen*
• *adversus* *adversum*	gegenüber, gegen (im freundlichen und feindlichen Sinn)	adversus curiam *gegenüber der Kurie* adversus rem publicam *gegen den Staat*
• *ante*	vor	ante moenia *vor der Stadtmauer* ante urbem conditam *vor Gründung der Stadt*
• *apud*	bei (bei Personen)	apud maiores *bei den Vorfahren*
• *contra*	gegenüber, gegen (im feindlichen Sinn)	contra Britanniam *Britannien gegenüber* contra rem publicam *gegen den Staat*
• *erga*	gegenüber, gegen (im freundlichen Sinn)	pietas erga deos *Ehrfurcht gegenüber den Göttern*
• *extra*	außerhalb	extra urbem *außerhalb der Stadt*
• *infra*	unterhalb, unter	infra oppidum *unterhalb der Stadt*
• *inter*	zwischen, inmitten von, während	inter montem et flumen *zwischen Berg und Fluss* inter se *untereinander, gegenseitig*

• ***intra***	innerhalb, binnen	intra moenia *innerhalb der Mauern* intra paucos dies *binnen weniger Tage*
• ***iuxta***	(dicht) neben	iuxta templum *neben dem Tempel*
• ***ob***	vor, wegen (in Zusammensetzungen: entgegen)	ob oculos versari *vor Augen schweben* ob eam rem *deswegen*
• ***per***	durch (hindurch), mittels, wegen	per provinciam iter facere *durch die Provinz reisen* per legatos agere *durch Gesandte verhandeln* per aetatem *wegen des Alters, aus Altersgründen*
• ***post***	hinter, nach, seit	post tergum *hinter dem Rücken* post hominum memoriam *seit Menschengedenken*
• ***praeter***	an … vorbei, außer	praeter castra *am Lager vorbei* omnes praeter unum *alle außer einem*
• ***prope***	nahe bei	prope castra *nahe beim Lager*
• ***propter***	wegen	propter te *deinetwegen*
• ***secundum***	entlang, gemäß	secundum flumen *den Fluss entlang* secundum naturam *gemäß / nach der Natur*

• ***supra***	oberhalb, über (auch im Sinn von „mehr“)	supra terram *oberhalb / über der Erde* supra modum *über das Maß hinaus*
• ***trans***	über … hinüber, jenseits	trans fluvium *über den Fluss hinüber, jenseits des Flusses*
• ***ultra***	jenseits, über … hinaus	ultra montes *jenseits der Berge* ultra vires *über die Kräfte (hinaus)*

2.2 Präpositionen mit Ablativ

• ***a / ab***	von, von … her, von … an, seit	ab urbe abesse *von der Stadt entfernt sein* ab urbe venire *von der Stadt her kommen* a pueritia *von Kindheit an* ab urbe condita *seit Gründung der Stadt*
• ***coram***	in Gegenwart von	coram principe *in Gegenwart des Herrschers*
• ***cum***	(zusammen) mit (meist bei Personen)	cum amicis *mit Freunden* magno cum gaudio *mit großer Freude*
• ***de***	von … herab, von … weg; über (nicht örtlich)	de muro *von der Mauer herab* de vita decedere *aus dem Leben scheiden* de pace colloqui *über den Frieden verhandeln*

• ***e/ex***	aus, von … aus, seit, aufgrund von	ex urbe egredi *aus der Stadt weggehen* ex eo tempore *seit dieser Zeit* ex senatus consulto *aufgrund eines Senatsbeschlusses*
• ***prae***	vor (örtlich und zur Angabe eines verhindernden Grundes)	prae se ferre *vor sich hertragen, zeigen* prae lacrimis *vor Tränen*
• ***pro***	vor, für, entsprechend	pro oppido collocare *vor der Stadt aufstellen / postieren* pro libertate pugnare *für die Freiheit kämpfen* pro temporibus *den Zeitverhältnissen entsprechend*
• ***sine***	ohne	sine causa *ohne Grund, grundlos*

2.3 Präpositionen mit Akkusativ und Ablativ

Manchen Präpositionen folgt der Akkusativ oder der Ablativ:
1. auf die Frage „Wohin?“: Akkusativ
2. auf die Frage „Wo?“: Ablativ

• ***in***	m. Akk. in, an, auf, gegen, nach (örtlich)	in Italiam contendere *nach Italien eilen*
	m. Abl. in, an, auf	in citeriore Gallia *im diesseitigen Gallien*
• ***sub***	m. Akk. unter, gegen (zeitl.)	sub iugum mittere *unter das Joch schicken*
	m. Abl. unter	sub terra *unter der Erde*

2.4 Präpositionen als Affixe bei Verben

Einige Präpositionen können als **Präfixe zu Grundverben** treten und dadurch die Bedeutung des *verbum simplex* (Grundverbums) verändern. Die Bedeutung der Komposita kann bei Kenntnis der Präpositionen meist gut erschlossen werden.

abire
weggehen

adire
herangehen, aufsuchen

exire
herausgehen, (ausrücken)

inire
hineingehen, beginnen

praeterire
vorbeigehen, übergehen

prodire
(her)vorgehen, auftreten

obire
entgegen-, hingehen, übernehmen

redire
zurückkehren

subire
unternehmen, auf sich nehmen

transire
hinübergehen, überschreiten

2.5 Steigerungsformen von Präpositionen

Auch zu einigen Präpositionen lassen sich Steigerungsformen bilden.

Präposition	Komparativ	Superlativ
intra	interior, -ioris *der innere*	intimus, -a, -um *der innerste*
supra	superior, -ioris *der höhere*	supremus, -a, -um *der höchste*
pro	prior, -ioris *der vordere, frühere*	primus, -a, -um *der erste*

Verben

Mit den Verben (Tätigkeitswörtern) werden Vorgänge, Zustände, Tätigkeiten und Handlungen beschrieben.

• Das Verbum bestimmt den Aufbau eines Satzes wesentlich, da es als **Prädikat** „aussagt“, was jeweils geschieht.	Discipula legit. *Die Schülerin liest.*
• Das Verb braucht oft eine Ergänzung. Hat es ein Akkusativobjekt bei sich, nennt man es **transitiv**.	Discipula librum emit. *Die Schülerin kauft ein Buch.*
• Die **Beugung** eines Verbs nennt man **Konjugation**, den betreffenden Vorgang **konjugieren**.	Emo, emis, … *Ich kaufe, du kaufst, …*
• **Personalformen** oder **finite Formen** eines Verbs sind durch folgende Angaben bestimmt:	Legi. *Ich habe gelesen.*
1. **Person**	*1. Person*
2. **Numerus** (Zahl, d. h. Singular oder Plural)	*Singular*
3. **Modus** (Wirklichkeitsgrad, d. h. Indikativ oder Konjunktiv)	*Indikativ*
4. **Tempus** (Zeit)	*Perfekt*
5. **Genus verbi** (d. h. Aktiv oder Passiv)	*Aktiv*
• **Nominalformen** oder **infinite Formen** eines Verbs sind wie Nomina verwendete Formen, die nicht durch Person und Modus bestimmt sind. Dazu zählen:	
1. Der Infinitiv	audire
2. Das Gerund(ium)	ad audiendum
3. Das Gerundiv(um)	audiendus, -a, -um
4. Das Partizip	audiens, -ntis
5. Das Supin	incredibile auditu

- Den lateinischen Verbformen liegen drei „Stämme" zugrunde:
  1. Präsensstamm: Präsens, Imperfekt, Futur I, PPA — mone-; mone-t, mone-bat, mone-bit, mone-ns (-ntis)
  2. Perfektstamm: Perfekt, Plusquamperfekt, Futur II — monu-; monu-it, monu-erat, monu-erit
  3. Partizipstamm (des Partizips Perfekt Passiv): PPP, PFA — moni-; moni-tus, moni-ta, moni-tum; moni-turus, -tura, -turum
- Die lateinischen Verben gruppieren sich in fünf Konjugationsklassen:

ā-Konjugation	langvokalische Konjugationen	laudā-re, laud-o, lauda-s
ē-Konjugation		monē-re, mone-o, mone-s
ī-Konjugation		audī-re, audi-o, audi-s
ĭ-Stämme	kurzvokalische Konjugationen	cap-e-re, capi-o, capi-s
Konsonantenstämme		reg-e-re, reg-o, reg-i-s

- Um die verschiedenen Personen zu kennzeichnen, treten an den Präsensstamm feste Endungen.

	Aktiv	Passiv
1. Pers. Sg.	-o; -m	-or; -r
2. Pers. Sg.	-s	-ris
3. Pers. Sg.	-t	-tur
1. Pers. Pl.	-mus	-mur
2. Pers. Pl.	-tis	-mini
3. Pers. Pl.	-nt	-ntur

- Der Indikativ Perfekt des Aktivs hat eigene Personalendungen.

1. Pers. Sg.	-i
2. Pers. Sg.	-isti
3. Pers. Sg.	-it
1. Pers. Pl.	-imus
2. Pers. Pl.	-istis
3. Pers. Pl.	-erunt

- Im Passiv des Perfektstammes werden die Personalformen aus dem PPP und den Formen des Hilfsverbs *esse* gebildet.

rectus sum, sim, eram, essem, ero
recti sunt, sint, erant, essent, erunt

1 Die ā-Konjugation

Präsens Aktiv

Indikativ		Konjunktiv	
laud-o	*ich lobe*	laude-m	*ich soll loben**
lauda-s	*du lobst*	laude-s	*du lobest, sollst loben**
lauda-t	*er, sie, es lobt*	laude-t	*er, sie, es lobe; er, sie, es soll loben**
lauda-mus	*wir loben*	laude-mus	*wir sollen loben, lasst uns loben**
lauda-tis	*ihr lobt*	laude-tis	*ihr sollt loben, ihr lobet**
lauda-nt	*sie loben*	laude-nt	*sie sollen loben**

Imperfekt Aktiv

Indikativ		Konjunktiv	
lauda-ba-m	*ich lobte*	lauda-re-m	*ich würde loben*
lauda-ba-s	*du lobtest*	lauda-re-s	*du würdest loben*
lauda-ba-t	*er, sie, es lobte*	lauda-re-t	*er, sie, es würde loben*
lauda-ba-mus	*wir lobten*	lauda-re-mus	*wir würden loben*
lauda-ba-tis	*ihr lobtet*	lauda-re-tis	*ihr würdet loben*
lauda-ba-nt	*sie lobten*	lauda-re-nt	*sie würden loben*

* In älteren Büchern ist der Konjunktiv I im Deutschen oft mit „mögen" übersetzt, also z. B. laudem, *ich möge loben*.

Präsens Passiv

Indikativ		Konjunktiv	
laud-or	*ich werde gelobt*	laude-r	*ich soll gelobt werden**
lauda-ris	*du wirst gelobt*	laude-ris	*du werdest gelobt, sollst gelobt werden**
lauda-tur	*er, sie, es wird gelobt*	laude-tur	*er, sie, es werde gelobt**
lauda-mur	*wir werden gelobt*	laude-mur	*wir sollen gelobt werden**
lauda-mini	*ihr werdet gelobt*	laude-mini	*ihr sollt gelobt werden**
lauda-ntur	*sie werden gelobt*	laude-ntur	*sie sollen gelobt werden**

Imperfekt Passiv

Indikativ		Konjunktiv	
lauda-ba-r	*ich wurde gelobt*	lauda-re-r	*ich würde gelobt (werden)*
lauda-ba-ris	*du wurdest gelobt*	lauda-re-ris	*du würdest gelobt (werden)*
lauda-ba-tur	*er, sie, es wurde gelobt*	lauda-re-tur	*er, sie, es würde gelobt (werden)*
lauda-ba-mur	*wir wurden gelobt*	lauda-re-mur	*wir würden gelobt (werden)*
lauda-ba-mini	*ihr wurdet gelobt*	lauda-re-mini	*ihr würdet gelobt (werden)*
lauda-ba-ntur	*sie wurden gelobt*	lauda-re-ntur	*sie würden gelobt (werden)*

* In älteren Büchern ist der Konjunktiv I im Deutschen oft mit „mögen“ übersetzt, also z. B. lauder, *ich möge gelobt werden.*

Futur I Aktiv		Futur II Aktiv	
lauda-b-o	*ich werde loben*	laudav-ero	*ich werde gelobt haben**
lauda-bi-s	*du wirst loben*	laudav-eri-s	*du wirst gelobt haben**
lauda-bi-t	*er, sie, es wird loben*	laudav-eri-t	*er, sie, es wird gelobt haben**
lauda-bi-mus	*wir werden loben*	laudav-eri-mus	*wir werden gelobt haben**
lauda-bi-tis	*ihr werdet loben*	laudav-eri-tis	*ihr werdet gelobt haben**
lauda-bu-nt	*sie werden loben*	laudav-eri-nt	*sie werden gelobt haben**

Imperativ I Aktiv		Imperativ II Aktiv	
lauda!	*lobe!*	lauda-to	*du sollst loben*
lauda-te!	*lobt!*	lauda-to	*er, sie, es soll loben*
		lauda-tote	*ihr sollt loben*
		lauda-nto	*sie sollen loben*
Infinitiv Präsens Aktiv		**Infinitiv Perfekt Aktiv**	
lauda-re	*(zu) loben*	laudav-isse	*gelobt (zu) haben*
Infinitiv Futur Aktiv			
lauda-turum, -am, -um esse	*loben (zu) werden*		
Partizip Präsens Aktiv (PPA)			
lauda-ns, -ntis	*lobend; einer, der lobt*		
Partizip Futur Aktiv (PFA)			
lauda-turus, -a, -um	*einer, der loben wird/will; der im Begriff ist zu loben*		

* Die Formen des Futur II werden ins Deutsche eleganter mit Präsens oder Perfekt, auch Futur I übersetzt, z. B. laudavero: *Ich habe gelobt, ich lobe, ich werde loben.*

Futur I Passiv		Futur II Passiv		
lauda-b-or	*ich werde gelobt werden*	laudatus, -a, -um	ero	*ich werde gelobt worden sein**
lauda-be-ris	*du wirst gelobt werden*		eris	*du wirst gelobt worden sein**
lauda-bi-tur	*er, sie, es wird gelobt werden*		erit	*er, sie, es wird gelobt worden sein**
lauda-bi-mur	*wir werden gelobt werden*	laudati, -ae, -a	erimus	*wir werden gelobt worden sein**
lauda-bi-mini	*ihr werdet gelobt werden*		eritis	*ihr werdet gelobt worden sein**
lauda-bu-ntur	*sie werden gelobt werden*		erunt	*sie werden gelobt worden sein**

Infinitiv Präsens Passiv		Infinitiv Perfekt Passiv	
lauda-ri	*gelobt (zu) werden*	lauda-tum, -am, -um esse	*gelobt worden (zu) sein*
Infinitiv Futur Passiv			
lauda-tum iri	*(in Zukunft) gelobt zu werden*		
Gerundiv		**Partizip Perfekt Passiv (PPP)**	
lauda-ndus, -a, -um	*einer, der gelobt werden muss*	lauda-tus, -a, -um	*gelobt; einer, der gelobt worden ist*

* Die Formen des Futur II werden ins Deutsche eleganter mit Präsens oder Perfekt, auch Futur I übersetzt, z. B. laudatus ero: *ich bin gelobt worden, ich werde gelobt, ich werde gelobt werden.*

Perfekt Aktiv

Indikativ		Konjunktiv	
laudav-i	*ich habe gelobt*	laudav-eri-m	*ich soll gelobt haben**
laudav-isti	*du hast gelobt*	laudav-eri-s	*du habest gelobt, sollst gelobt haben**
laudav-it	*er, sie, es hat gelobt*	laudav-eri-t	*er, sie, es habe gelobt, soll gelobt haben**
laudav-imus	*wir haben gelobt*	laudav-eri-mus	*wir sollen gelobt haben**
laudav-istis	*ihr habt gelobt*	laudav-eri-tis	*ihr habet gelobt, sollt gelobt haben**
laudav-erunt	*sie haben gelobt*	laudav-eri-nt	*sie sollen gelobt haben**

Plusquamperfekt Aktiv

Indikativ		Konjunktiv	
laudav-era-m	*ich hatte gelobt*	laudav-isse-m	*ich hätte gelobt*
laudav-era-s	*du hattest gelobt*	laudav-isse-s	*du hättest gelobt*
laudav-era-t	*er, sie, es hatte gelobt*	laudav-isse-t	*er, sie, es hätte gelobt*
laudav-era-mus	*wir hatten gelobt*	laudav-isse-mus	*wir hätten gelobt*
laudav-era-tis	*ihr hattet gelobt*	laudav-isse-tis	*ihr hättet gelobt*
laudav-era-nt	*sie hatten gelobt*	laudav-isse-nt	*sie hätten gelobt*

* In älteren Büchern ist der Konjunktiv I im Deutschen oft mit „mögen“ übersetzt, also z. B. laudaverim, *ich möge gelobt haben*.

Perfekt Passiv

Indikativ			Konjunktiv		
laudatus, -a, -um	sum	*ich bin gelobt worden*	laudatus, -a, -um	sim	*ich sei gelobt worden*
	es	*du bist gelobt worden*		sis	*du seiest gelobt worden*
	est	*er, sie, es ist gelobt worden*		sit	*er, sie, es sei gelobt worden*
laudati, -ae, -a	sumus	*wir sind gelobt worden*	laudati, -ae, -a	simus	*wir seien gelobt worden*
	estis	*ihr seid gelobt worden*		sitis	*ihr seiet gelobt worden*
	sunt	*sie sind gelobt worden*		sint	*sie seien gelobt worden*

Plusquamperfekt Passiv

Indikativ			Konjunktiv		
laudatus, -a, -um	eram	*ich war gelobt worden*	laudatus, -a, -um	essem	*ich wäre gelobt worden*
	eras	*du warst gelobt worden*		esses	*du wärst gelobt worden*
	erat	*er, sie, es war gelobt worden*		esset	*er, sie, es wäre gelobt worden*
laudati, -ae, -a	eramus	*wir waren gelobt worden*	laudati, -ae, -a	essemus	*wir wären gelobt worden*
	eratis	*ihr wart gelobt worden*		essetis	*ihr wärt gelobt worden*
	erant	*sie waren gelobt worden*		essent	*sie wären gelobt worden*

2 Die ē-Konjugation

Präsens Aktiv

Indikativ		Konjunktiv	
mone-o	*ich mahne*	mone-a-m	*ich soll mahnen**
mone-s	*du mahnst*	mone-a-s	*du mahnest, sollst mahnen**
mone-t	*er, sie, es mahnt*	mone-a-t	*er, sie, es mahne, soll mahnen**
mone-mus	*wir mahnen*	mone-a-mus	*wir sollen mahnen**
mone-tis	*ihr mahnt*	mone-a-tis	*ihr sollt mahnen**
mone-nt	*sie mahnen*	mone-a-nt	*sie sollen mahnen**

Imperfekt Aktiv

Indikativ		Konjunktiv	
mone-ba-m	*ich mahnte*	mone-re-m	*ich würde mahnen*
mone-ba-s	*du mahntest*	mone-re-s	*du würdest mahnen*
mone-ba-t	*er, sie, es mahnte*	mone-re-t	*er, sie, es würde mahnen*
mone-ba-mus	*wir mahnten*	mone-re-mus	*wir würden mahnen*
mone-ba-tis	*ihr mahntet*	mone-re-tis	*ihr würdet mahnen*
mone-ba-nt	*sie mahnten*	mone-re-nt	*sie würden mahnen*

* In älteren Büchern ist der Konjunktiv I im Deutschen oft mit „mögen“ übersetzt, also z. B. moneam, *ich möge mahnen.*

Präsens Passiv

Indikativ		Konjunktiv	
mone-or	*ich werde gemahnt*	mone-a-r	*ich soll gemahnt* werden**
mone-ris	*du wirst gemahnt*	mone-a-ris	*du werdest gemahnt**
mone-tur	*er, sie, es wird gemahnt*	mone-a-tur	*er, sie, es werde gemahnt**
mone-mur	*wir werden gemahnt*	mone-a-mur	*wir sollen gemahnt werden**
mone-mini	*ihr werdet gemahnt*	mone-a-mini	*ihr sollt gemahnt werden**
mone-ntur	*sie werden gemahnt*	mone-a-ntur	*sie sollen gemahnt werden**

Imperfekt Passiv

Indikativ		Konjunktiv	
mone-ba-r	*ich wurde gemahnt*	mone-re-r	*ich würde gemahnt (werden)*
mone-ba-ris	*du wurdest gemahnt*	mone-re-ris	*du würdest gemahnt (werden)*
mone-ba-tur	*er, sie, es wurde gemahnt*	mone-re-tur	*er, sie, es würde gemahnt (werden)*
mone-ba-mur	*wir wurden gemahnt*	mone-re-mur	*wir würden gemahnt (werden)*
mone-ba-mini	*ihr wurdet gemahnt*	mone-re-mini	*ihr würdet gemahnt (werden)*
mone-ba-ntur	*sie wurden gemahnt*	mone-re-ntur	*sie würden gemahnt (werden)*

* In älteren Büchern ist der Konjunktiv I im Deutschen oft mit „mögen“ übersetzt, also z. B. monear, *ich möge gemahnt werden.*

Futur I Aktiv		Futur II Aktiv	
mone-b-o	*ich werde mahnen*	monu-ero	*ich werde gemahnt haben**
mone-bi-s	*du wirst mahnen*	monu-eri-s	*du wirst gemahnt haben**
mone-bi-t	*er, sie, es wird mahnen*	monu-eri-t	*er, sie, es wird gemahnt haben**
mone-bi-mus	*wir werden mahnen*	monu-eri-mus	*wir werden gemahnt haben**
mone-bi-tis	*ihr werdet mahnen*	monu-eri-tis	*ihr werdet gemahnt haben**
mone-bu-nt	*sie werden mahnen*	monu-eri-nt	*sie werden gemahnt haben**

Imperativ I Aktiv		Imperativ II Aktiv	
mone! mone-te!	*mahne!* *mahnt!*	mone-to mone-to mone-tote mone-nto	*du sollst mahnen* *er, sie, es soll mahnen* *ihr sollt mahnen* *sie sollen mahnen*
Infinitiv Präsens Aktiv		**Infinitiv Perfekt Aktiv**	
mone-re	*(zu) mahnen*	monu-isse	gemahnt (zu) haben
Infinitiv Futur Aktiv			
moni-turum, -am, -um esse	*mahnen (zu) werden*		
Partizip Präsens Aktiv (PPA)			
mone-ns, -ntis	*mahnend; einer, der mahnt*		
Partizip Futur Aktiv (PFA)			
moni-turus, -a, -um	*einer, der mahnen wird/will*		

* Die Formen des Futur II werden ins Deutsche eleganter mit Präsens oder Perfekt, auch Futur I übersetzt, z. B. monuero: *Ich habe gemahnt, ich mahne, ich werde mahnen.*

Futur I Passiv		Futur II Passiv		
mone-b-or	*ich werde gemahnt werden*	monitus, -a, -um	ero	*ich werde gemahnt worden sein**
mone-be-ris	*du wirst gemahnt werden*		eris	*du wirst gemahnt worden sein**
mone-bi-tur	*er, sie, es wird gemahnt werden*		erit	*er, sie, es wird gemahnt worden sein**
mone-bi-mur	*wir werden gemahnt werden*	moniti, -ae, -a	erimus	*wir werden gemahnt worden sein**
mone-bi-mini	*ihr werdet gemahnt werden*		eritis	*ihr werdet gemahnt worden sein**
mone-bu-ntur	*sie werden gemahnt werden*		erunt	*sie werden gemahnt worden sein**

Infinitiv Präsens Passiv		Infinitiv Perfekt Passiv	
mone-ri	*gemahnt (zu) werden*	moni-tum, -am, -um esse	*gemahnt worden (zu) sein*
Infinitiv Futur Passiv			
moni-tum iri	*(in Zukunft) gemahnt zu werden*		
Gerundiv		**Partizip Perfekt Passiv (PPP)**	
moni-e-ndus, -a, -um	*einer, der gemahnt werden muss*	moni-tus, -a, -um	*gemahnt; einer, der gemahnt worden ist*

* Die Formen des Futur II werden ins Deutsche eleganter mit Präsens oder Perfekt, auch Futur I übersetzt, z. B. monitus ero: *Ich bin gemahnt worden, ich werde gemahnt, ich werde gemahnt werden.*

Perfekt Aktiv

Indikativ		Konjunktiv	
monu-i	*ich habe gemahnt*	monu-eri-m	*ich soll gemahnt haben**
monu-isti	*du hast gemahnt*	monu-eri-s	*du habest gemahnt, sollst gemahnt haben**
monu-it	*er, sie, es hat gemahnt*	monu-eri-t	*er, sie, es habe gemahnt, soll gemahnt haben**
monu-imus	*wir haben gemahnt*	monu-eri-mus	*wir sollen gemahnt haben**
monu-istis	*ihr habt gemahnt*	monu-eri-tis	*ihr sollt gemahnt haben**
monu-erunt	*sie haben gemahnt*	monu-eri-nt	*sie sollen gemahnt haben**

Plusquamperfekt Aktiv

Indikativ		Konjunktiv	
monu-era-m	*ich hatte gemahnt*	monu-isse-m	*ich hätte gemahnt*
monu-era-s	*du hattest gemahnt*	monu-isse-s	*du hättest gemahnt*
monu-era-t	*er, sie, es hatte gemahnt*	monu-isse-t	*er, sie, es hätte gemahnt*
monu-era-mus	*wir hatten gemahnt*	monu-isse-mus	*wir hätten gemahnt*
monu-era-tis	*ihr hattet gemahnt*	monu-isse-tis	*ihr hättet gemahnt*
monu-era-nt	*sie hatten gemahnt*	monu-isse-nt	*sie hätten gemahnt*

* In älteren Büchern ist der Konjunktiv I im Deutschen oft mit „mögen" übersetzt, also z. B. monuerim, *ich möge gemahnt haben.*

Perfekt Passiv

Indikativ			Konjunktiv		
monitus, -a, -um	sum	*ich bin gemahnt worden*	monitus, -a, -um	sim	*ich sei gemahnt worden*
	es	*du bist gemahnt worden*		sis	*du seiest gemahnt worden*
	est	*er, sie, es ist gemahnt worden*		sit	*er, sie, es sei gemahnt worden*
moniti, -ae, -a	sumus	*wir sind gemahnt worden*	moniti, -ae, -a	simus	*wir seien gemahnt worden*
	estis	*ihr seid gemahnt worden*		sitis	*ihr seiet gemahnt worden*
	sunt	*sie sind gemahnt worden*		sint	*sie seien gemahnt worden*

Plusquamperfekt Passiv

Indikativ			Konjunktiv		
monitus, -a, -um	eram	*ich war gemahnt worden*	monitus, -a, -um	essem	*ich wäre gemahnt worden*
	eras	*du warst gemahnt worden*		esses	*du wärst gemahnt worden*
	erat	*er, sie, es war gemahnt worden*		esset	*er, sie, es wäre gemahnt worden*
moniti, -ae, -a	eramus	*wir waren gemahnt worden*	moniti, -ae, -a	essemus	*wir wären gemahnt worden*
	eratis	*ihr wart gemahnt worden*		essetis	*ihr wärt gemahnt worden*
	erant	*sie waren gemahnt worden*		essent	*sie wären gemahnt worden*

3 Die Konsonantenstämme der 3. Konjugation

Präsens Aktiv

Indikativ		Konjunktiv	
reg-o	*ich lenke*	reg-a-m	*ich soll lenken**
reg-i-s	*du lenkst*	reg-a-s	*du lenkest, sollst lenken**
reg-i-t	*er, sie, es lenkt*	reg-a-t	*er, sie, es lenke; soll lenken**
reg-i-mus	*wir lenken*	reg-a-mus	*wir sollen lenken**
reg-i-tis	*ihr lenkt*	reg-a-tis	*ihr sollt lenken**
reg-u-nt	*sie lenken*	reg-a-nt	*sie sollen lenken**

Imperfekt Aktiv

Indikativ		Konjunktiv	
reg-e-ba-m	*ich lenkte*	reg-e-re-m	*ich würde lenken*
reg-e-ba-s	*du lenktest*	reg-e-re-s	*du würdest lenken*
reg-e-ba-t	*er, sie, es lenkte*	reg-e-re-t	*er, sie, es würde lenken*
reg-e-ba-mus	*wir lenkten*	reg-e-re-mus	*wir würden lenken*
reg-e-ba-tis	*ihr lenktet*	reg-e-re-tis	*ihr würdet lenken*
reg-e-ba-nt	*sie lenkten*	reg-e-re-nt	*sie würden lenken*

* In älteren Büchern ist der Konjunktiv I im Deutschen oft mit „mögen“ übersetzt, also z. B. regam, *ich möge lenken.*

Präsens Passiv

Indikativ		Konjunktiv	
reg-or	*ich werde gelenkt*	reg-a-r	*ich soll gelenkt werden**
reg-e-ris	*du wirst gelenkt*	reg-a-ris	*du werdest gelenkt, sollst gelenkt werden**
reg-i-tur	*er, sie, es wird gelenkt*	reg-a-tur	*er, sie, es werde gelenkt; soll gelenkt werden**
reg-i-mur	*wir werden gelenkt*	reg-a-mur	*wir sollen gelenkt werden**
reg-i-mini	*ihr werdet gelenkt*	reg-a-mini	*ihr sollt gelenkt werden**
reg-u-ntur	*sie werden gelenkt*	reg-a-ntur	*sie sollen gelenkt werden**

Imperfekt Passiv

Indikativ		Konjunktiv	
reg-e-ba-r	*ich wurde gelenkt*	reg-e-re-r	*ich würde gelenkt (werden)*
reg-e-ba-ris	*du wurdest gelenkt*	reg-e-re-ris	*du würdest gelenkt (werden)*
reg-e-ba-tur	*er, sie, es wurde gelenkt*	reg-e-re-tur	*er, sie, es würde gelenkt (werden)*
reg-e-ba-mur	*wir wurden gelenkt*	reg-e-re-mur	*wir würden gelenkt (werden)*
reg-e-ba-mini	*ihr wurdet gelenkt*	reg-e-re-mini	*ihr würdet gelenkt (werden)*
reg-e-ba-ntur	*sie wurden gelenkt*	reg-e-re-ntur	*sie würden gelenkt (werden)*

* In älteren Büchern ist der Konjunktiv I im Deutschen oft mit „mögen" übersetzt, also z. B. regar, *ich möge gelenkt werden.*

Futur I Aktiv		Futur II Aktiv	
reg-a-m	*ich werde lenken*	rex-ero	*ich werde gelenkt haben**
reg-e-s	*du wirst lenken*	rex-er-is	*du wirst gelenkt haben**
reg-e-t	*er, sie, es wird lenken*	rex-er-it	*er, sie, es wird gelenkt haben**
reg-e-mus	*wir werden lenken*	rex-er-imus	*wir werden gelenkt haben**
reg-e-tis	*ihr werdet lenken*	rex-er-itis	*ihr werdet gelenkt haben**
reg-e-nt	*sie werden lenken*	rex-er-int	*sie werden gelenkt haben**

Imperativ I Aktiv		Imperativ II Aktiv	
reg-e! reg-i-te!	*lenke!* *lenkt!*	reg-i-to reg-i-to reg-i-tote reg-u-nto	*du sollst lenken* *er, sie, es soll lenken* *ihr sollt lenken* *sie sollen lenken*
Infinitiv Präsens Aktiv		**Infinitiv Perfekt Aktiv**	
reg-e-re	*(zu) lenken*	rex-isse	*gelenkt (zu) haben*
Infinitiv Futur Aktiv			
rec-turum, -am, -um esse	*lenken (zu) werden*		
Partizip Präsens Aktiv (PPA)			
reg-e-ns, -ntis	*lenkend; einer, der lenkt*		
Partizip Futur Aktiv (PFA)			
rec-turus, -a, -um	*einer, der lenken wird/will*		

* Die Formen des Futur II werden ins Deutsche eleganter mit Präsens oder Perfekt, auch Futur I übersetzt, z. B. rexero: *Ich habe gelenkt, ich lenke, ich werde lenken.*

Futur I Passiv		Futur II Passiv		
reg-a-r	*ich werde gelenkt werden*	rectus, -a, -um	ero	*ich werde gelenkt worden sein**
reg-e-ris	*du wirst gelenkt werden*		eris	*du wirst gelenkt worden sein**
reg-e-tur	*er, sie, es wird gelenkt werden*		erit	*er, sie, es wird gelenkt worden sein**
reg-e-mur	*wir werden gelenkt werden*	recti, -ae, -a	erimus	*wir werden gelenkt worden sein**
reg-e-mini	*ihr werdet gelenkt werden*		eritis	*ihr werdet gelenkt worden sein**
reg-e-ntur	*sie werden gelenkt werden*		erunt	*sie werden gelenkt worden sein**

Infinitiv Präsens Passiv		Infinitiv Perfekt Passiv	
reg-i	*gelenkt (zu) werden*	rec-tum, -am, -um esse	*gelenkt worden (zu) sein*
Infinitiv Futur Passiv			
rec-tum iri	*(in Zukunft) gelenkt zu werden*		
Gerundiv		**Partizip Perfekt Passiv (PPP)**	
rege-ndus, -a, -um	*einer, der gelenkt werden muss*	rec-tus, -a, -um	*gelenkt; einer, der gelenkt worden ist*

* Die Formen des Futur II werden ins Deutsche eleganter mit Präsens oder Perfekt, auch Futur I übersetzt, z. B. rectus ero: *Ich bin gelenkt worden, ich werde gelenkt, ich werde gelenkt werden.*

Perfekt Aktiv

Indikativ		Konjunktiv	
rex-i	*ich habe gelenkt*	rex-eri-m	*ich soll gelenkt haben**
rex-isti	*du hast gelenkt*	rex-eri-s	*du habest gelenkt, sollst gelenkt haben**
rex-it	*er, sie, es hat gelenkt*	rex-eri-t	*er, sie, es habe gelenkt; soll gelenkt haben**
rex-imus	*wir haben gelenkt*	rex-eri-mus	*wir sollen gelenkt haben**
rex-istis	*ihr habt gelenkt*	rex-eri-tis	*ihr habet gelenkt, sollt gelenkt haben**
rex-erunt	*sie haben gelenkt*	rex-eri-nt	*sie sollen gelenkt haben**

Plusquamperfekt Aktiv

Indikativ		Konjunktiv	
rex-era-m	*ich hatte gelenkt*	rex-isse-m	*ich hätte gelenkt*
rex-era-s	*du hattest gelenkt*	rex-isse-s	*du hättest gelenkt*
rex-era-t	*er, sie, es hatte gelenkt*	rex-isse-t	*er, sie, es hätte gelenkt*
rex-era-mus	*wir hatten gelenkt*	rex-isse-mus	*wir hätten gelenkt*
rex-era-tis	*ihr hattet gelenkt*	rex-isse-tis	*ihr hättet gelenkt*
rex-era-nt	*sie hatten gelenkt*	rex-isse-nt	*sie hätten gelenkt*

* In älteren Büchern ist der Konjunktiv I im Deutschen oft mit „mögen" übersetzt, also z. B. rexerim, *ich möge gelenkt haben.*

Perfekt Passiv

Indikativ			Konjunktiv		
rectus, -a, -um	sum	*ich bin gelenkt worden*	rectus, -a, -um	sim	*ich sei gelenkt worden*
	es	*du bist gelenkt worden*		sis	*du seiest gelenkt worden*
	est	*er, sie, es ist gelenkt worden*		sit	*er, sie, es sei gelenkt worden*
recti, -ae, -a	sumus	*wir sind gelenkt worden*	recti, -ae, -a	simus	*wir seien gelenkt worden*
	estis	*ihr seid gelenkt worden*		sitis	*ihr seiet gelenkt worden*
	sunt	*sie sind gelenkt worden*		sint	*sie seien gelenkt worden*

Plusquamperfekt Passiv

Indikativ			Konjunktiv		
rectus, -a, -um	eram	*ich war gelenkt worden*	rectus, -a, -um	essem	*ich wäre gelenkt worden*
	eras	*du warst gelenkt worden*		esses	*du wärst gelenkt worden*
	erat	*er, sie, es war gelenkt worden*		esset	*er, sie, es wäre gelenkt worden*
recti, -ae, -a	eramus	*wir waren gelenkt worden*	recti, -ae, -a	essemus	*wir wären gelenkt worden*
	eratis	*ihr wart gelenkt worden*		essetis	*ihr wärt gelenkt worden*
	erant	*sie waren gelenkt worden*		essent	*sie wären gelenkt worden*

4 Die ĭ-Stämme der 3. Konjugation

Präsens Aktiv

Indikativ		Konjunktiv	
capi-o	*ich fasse*	capi-a-m	*ich soll fassen**
capi-s	*du fasst*	capi-a-s	*du sollst fassen**
capi-t	*er, sie, es fasst*	capi-a-t	*er, sie, es fasse; soll fassen**
capi-mus	*wir fassen*	capi-a-mus	*wir sollen fassen**
capi-tis	*ihr fasst*	capi-a-tis	*ihr fasset, sollt fassen**
capi-u-nt	*sie fassen*	capi-a-nt	*sie sollen fassen**

Imperfekt Aktiv

Indikativ		Konjunktiv	
capi-e-ba-m	*ich fasste*	cape-re-m	*ich würde fassen*
capi-e-ba-s	*du fasstest*	cape-re-s	*du würdest fassen*
capi-e-ba-t	*er, sie, es fasste*	cape-re-t	*er, sie, es würde fassen*
capi-e-ba-mus	*wir fassten*	cape-re-mus	*wir würden fassen*
capi-e-ba-tis	*ihr fasstet*	cape-re-tis	*ihr würdet fassen*
capi-e-ba-nt	*sie fassten*	cape-re-nt	*sie würden fassen*

* In älteren Büchern ist der Konjunktiv I im Deutschen oft mit „mögen" übersetzt, also z. B. capiam, *ich möge fassen.*

Präsens Passiv

Indikativ		Konjunktiv	
capi-or	*ich werde gefasst*	capi-a-r	*ich soll gefasst werden**
cape-ris	*du wirst gefasst*	capi-a-ris	*du werdest gefasst**
capi-tur	*er, sie, es wird gefasst*	capi-a-tur	*er, sie, es werde gefasst**
capi-mur	*wir werden gefasst*	capi-a-mur	*wir sollen gefasst werden**
capi-mini	*ihr werdet gefasst*	capi-a-mini	*ihr sollt gefasst werden**
capi-u-ntur	*sie werden gefasst*	capi-a-ntur	*sie sollen gefasst werden**

Imperfekt Passiv

Indikativ		Konjunktiv	
capi-e-ba-r	*ich wurde gefasst*	cape-re-r	*ich würde gefasst werden*
capi-e-ba-ris	*du wurdest gefasst*	cape-re-ris	*du würdest gefasst werden*
capi-e-ba-tur	*er, sie, es wurde gefasst*	cape-re-tur	*er, sie, es würde gefasst werden*
capi-e-ba-mur	*wir wurden gefasst*	cape-re-mur	*wir würden gefasst werden*
capi-e-ba-mini	*ihr wurdet gefasst*	cape-re-mini	*ihr würdet gefasst werden*
capi-e-ba-ntur	*sie wurden gefasst*	cape-re-ntur	*sie würden gefasst werden*

* In älteren Büchern ist der Konjunktiv I im Deutschen oft mit „mögen" übersetzt, also z. B. capiar, *ich möge gefasst werden.*

Futur I Aktiv		Futur II Aktiv	
capi-a-m	*ich werde fassen*	cep-er-o	*ich werde gefasst haben**
capi-e-s	*du wirst fassen*	cep-eri-s	*du wirst gefasst haben**
capi-e-t	*er, sie, es wird fassen*	cep-eri-t	*er, sie, es wird gefasst haben**
capi-e-mus	*wir werden fassen*	cep-eri-mus	*wir werden gefasst haben**
capi-e-tis	*ihr werdet fassen*	cep-eri-tis	*ihr werdet gefasst haben**
capi-e-nt	*sie werden fassen*	cep-eri-nt	*sie werden gefasst haben**

Imperativ I Aktiv		Imperativ II Aktiv	
cap-e capi-te	*fasse!* *fasst!*	capi-to capi-to capi-tote capi-u-nto	*du sollst fassen* *er, sie, es soll fassen* *ihr sollt fassen* *sie sollen fassen*
Infinitiv Präsens Aktiv		**Infinitiv Perfekt Aktiv**	
cape-re	*(zu) fassen*	cep-isse	gefasst (zu) haben
Infinitiv Futur Aktiv			
cap-turum, -am esse	*fassen (zu) werden*		
Partizip Präsens Aktiv (PPA)			
capi-e-ns, -ntis	*fassend; einer, der fasst*		
Partizip Futur Aktiv (PFA)			
cap-turus, -a, -um	*einer, der fassen wird / will*		

* Die Formen des Futur II werden ins Deutsche eleganter mit Präsens oder Perfekt, auch Futur I übersetzt, z. B. cepero: *ich habe gefasst, ich fasse, ich werde fassen.*

Futur I Passiv		Futur II Passiv		
capi-a-r	*ich werde gefasst werden*	captus, -a, -um	ero	*ich werde gefasst worden sein**
capi-e-ris	*du wirst gefasst werden*		eris	*du wirst gefasst worden sein**
capi-e-tur	*er, sie, es wird gefasst werden*		erit	*er, sie, es wird gefasst worden sein**
capi-e-mur	*wir werden gefasst werden*	capti, -ae, -a	erimus	*wir werden gefasst worden sein**
capi-e-mini	*ihr werdet gefasst werden*		eritis	*ihr werdet gefasst worden sein**
capi-e-ntur	*sie werden gefasst werden*		erunt	*sie werden gefasst worden sein**

Infinitiv Präsens Passiv		Infinitiv Perfekt Passiv	
cap-i	*gefasst (zu) werden*	cap-tum, -am, -um esse	*gefasst worden (zu) sein*
Infinitiv Futur Passiv			
cap-tum iri	*(in Zukunft) gefasst (zu) werden*		
Gerundiv		**Partizip Perfekt Passiv (PPP)**	
capi-e-ndus, -a, -um	*einer, der gefasst werden muss*	cap-tus, -a, -um	*gefasst; einer, der gefasst worden ist*

* Die Formen des Futur II werden ins Deutsche eleganter mit Präsens oder Perfekt, auch Futur I übersetzt, z. B. captus ero: *ich bin gefasst worden, ich werde gefasst, ich werde gefasst werden.*

Perfekt Aktiv

Indikativ		Konjunktiv	
cep-i	*ich habe gefasst*	cep-eri-m	*ich soll gefasst haben**
cep-isti	*du hast gefasst*	cep-eri-s	*du habest gefasst, sollst gefasst haben**
cep-it	*er, sie, es hat gefasst*	cep-eri-t	*er, sie, es habe gefasst; soll gefasst haben**
cep-imus	*wir haben gefasst*	cep-eri-mus	*wir sollen gefasst haben**
cep-istis	*ihr habt gefasst*	cep-eri-tis	*ihr habet gefasst, sollt gefasst haben**
cep-erunt	*sie haben gefasst*	cep-eri-nt	*sie sollen gefasst haben**

Plusquamperfekt Aktiv

Indikativ		Konjunktiv	
cep-era-m	*ich hatte gefasst*	cep-isse-m	*ich hätte gefasst*
cep-era-s	*du hattest gefasst*	cep-isse-s	*du hättest gefasst*
cep-era-t	*er, sie, es hatte gefasst*	cep-isse-t	*er, sie, es hätte gefasst*
cep-era-mus	*wir hatten gefasst*	cep-isse-mus	*wir hätten gefasst*
cep-era-tis	*ihr hattet gefasst*	cep-isse-tis	*ihr hättet gefasst*
cep-era-nt	*sie hatten gefasst*	cep-isse-nt	*sie hätten gefasst*

* In älteren Büchern ist der Konjunktiv I im Deutschen oft mit „mögen" übersetzt, also z. B. ceperim, *ich möge gefasst haben*.

Perfekt Passiv

Indikativ			Konjunktiv		
captus, -a, -um	sum	*ich bin gefasst worden*	captus, -a, -um	sim	*ich sei gefasst worden*
	es	*du bist gefasst worden*		sis	*du seiest gefasst worden*
	est	*er, sie, es ist gefasst worden*		sit	*er, sie, es sei gefasst worden*
capti, -ae, -a	sumus	*wir sind gefasst worden*	capti, -ae, -a	simus	*wir seien gefasst worden*
	estis	*ihr seid gefasst worden*		sitis	*ihr seiet gefasst worden*
	sunt	*sie sind gefasst worden*		sint	*sie seien gefasst worden*

Plusquamperfekt Passiv

Indikativ			Konjunktiv		
captus, -a, -um	eram	*ich war gefasst worden*	captus, -a, -um	essem	*ich wäre gefasst worden*
	eras	*du warst gefasst worden*		esses	*du wärst gefasst worden*
	erat	*er, sie, es war gefasst worden*		esset	*er, sie, es wäre gefasst worden*
capti, -ae, -a	eramus	*wir waren gefasst worden*	capti, -ae, -a	essemus	*wir wären gefasst worden*
	eratis	*ihr wart gefasst worden*		essetis	*ihr wärt gefasst worden*
	erant	*sie waren gefasst worden*		essent	*sie wären gefasst worden*

5 Die ī-Konjugation

Präsens Aktiv

Indikativ		Konjunktiv	
audi-o	*ich höre*	audi-a-m	*ich soll hören**
audi-s	*du hörst*	audi-a-s	*du hörest, sollst hören**
audi-t	*er, sie, es hört*	audi-a-t	*er, sie, es höre; soll hören**
audi-mus	*wir hören*	audi-a-mus	*wir sollen hören**
audi-tis	*ihr hört*	audi-a-tis	*ihr höret, sollt hören**
audi-u-nt	*sie hören*	audi-a-nt	*sie sollen hören**

Imperfekt Aktiv

Indikativ		Konjunktiv	
audi-e-ba-m	*ich hörte*	audi-re-m	*ich würde hören*
audi-e-ba-s	*du hörtest*	audi-re-s	*du würdest hören*
audi-e-ba-t	*er, sie, es hörte*	audi-re-t	*er, sie, es würde hören*
audi-e-ba-mus	*wir hörten*	audi-re-mus	*wir würden hören*
audi-e-ba-tis	*ihr hörtet*	audi-re-tis	*ihr würdet hören*
audi-e-ba-nt	*sie hörten*	audi-re-nt	*sie würden hören*

* In älteren Büchern ist der Konjunktiv I im Deutschen oft mit „mögen" übersetzt, also z. B. audiam, *ich möge hören*.

Präsens Passiv

Indikativ		Konjunktiv	
audi-or	*ich werde gehört*	audi-a-r	*ich soll gehört werden**
audi-ris	*du wirst gehört*	audi-a-ris	*du werdest gehört**
audi-tur	*er, sie, es wird gehört*	audi-a-tur	*er, sie, es werde gehört**
audi-mur	*wir werden gehört*	audi-a-mur	*wir sollen gehört werden**
audi-mini	*ihr werdet gehört*	audi-a-mini	*ihr sollt gehört werden**
audi-u-ntur	*sie werden gehört*	audi-a-ntur	*sie sollen gehört werden**

Imperfekt Passiv

Indikativ		Konjunktiv	
audi-e-ba-r	*ich wurde gehört*	audi-re-r	*ich würde gehört (werden)*
audi-e-ba-ris	*du wurdest gehört*	audi-re-ris	*du würdest gehört (werden)*
audi-e-ba-tur	*er, sie, es wurde gehört*	audi-re-tur	*er, sie, es würde gehört (werden)*
audi-e-ba-mur	*wir wurden gehört*	audi-re-mur	*wir würden gehört (werden)*
audi-e-ba-mini	*ihr wurdet gehört*	audi-re-mini	*ihr würdet gehört (werden)*
audi-e-ba-ntur	*sie wurden gehört*	audi-re-ntur	*sie würden gehört (werden)*

* In älteren Büchern ist der Konjunktiv I im Deutschen oft mit „mögen" übersetzt, also z. B. audiar, *ich möge gehört werden.*

Futur I Aktiv		Futur II Aktiv	
audi-a-m	*ich werde hören*	audiv-er-o	*ich werde gehört haben**
audi-e-s	*du wirst hören*	audiv-eri-s	*du wirst gehört haben**
audi-e-t	*er, sie, es wird hören*	audiv-eri-t	*er, sie, es wird gehört haben**
audi-e-mus	*wir werden hören*	audiv-eri-mus	*wir werden gehört haben**
audi-e-tis	*ihr werdet hören*	audiv-eri-tis	*ihr werdet gehört haben**
audi-e-nt	*sie werden hören*	audiv-eri-nt	*sie werden gehört haben**

Imperativ I Aktiv		Imperativ II Aktiv	
audi! audi-te!	*höre!* *hört!*	audi-to audi-to audi-tote audi-u-nto	*du sollst hören* *er, sie, es soll hören* *ihr sollt hören* *sie sollen hören*
Infinitiv Präsens Aktiv		**Infinitiv Perfekt Aktiv**	
audi-re	*(zu) hören*	audi-visse	*gehört (zu) haben*
Infinitiv Futur Aktiv			
audi-turum, -am esse	*hören (zu) werden*		
Partizip Präsens Aktiv (PPA)			
audi-e-ns, -ntis	*hörend; einer, der hört*		
Partizip Futur Aktiv (PFA)			
audi-turus, -a, -um	*einer, der hören will/wird*		

* Die Formen des Futur II werden ins Deutsche eleganter mit Präsens oder Perfekt, auch Futur I übersetzt, z. B. audivero: *ich habe gehört, ich höre, ich werde hören.*

Futur I Passiv		Futur II Passiv		
audi-a-r	*ich werde gehört werden*	auditus, -a, -um	ero	*ich werde gehört worden sein**
audi-e-ris	*du wirst gehört werden*		eris	*du wirst gehört worden sein**
audi-e-tur	*er, sie, es wird gehört werden*		erit	*er, sie, es wird gehört worden sein**
audi-e-mur	*wir werden gehört werden*	auditi, -ae, -a	erimus	*wir werden gehört worden sein**
audi-e-mini	*ihr werdet gehört werden*		eritis	*ihr werdet gehört worden sein**
audi-e-ntur	*sie werden gehört werden*		erunt	*sie werden gehört worden sein**

Infinitiv Präsens Passiv		Infinitiv Perfekt Passiv	
audi-ri	*gehört (zu) werden*	auditum, -am -um esse	*gehört worden (zu) sein*
Infinitiv Futur Passiv			
audi-tum iri	*(in Zukunft) gehört (zu) werden*		
Gerundiv		**Partizip Perfekt Passiv (PPP)**	
audi-e-ndus, -a, -um	*einer, der gehört werden muss*	auditus, -a, -um	*gehört; einer, der gehört worden ist*

* Die Formen des Futur II werden ins Deutsche eleganter mit Präsens oder Perfekt, auch Futur I übersetzt, z. B. auditus ero: *ich bin gehört worden, ich werde gehört, ich werde gehört werden.*

Perfekt Aktiv

Indikativ		Konjunktiv	
audiv-i	*ich habe gehört*	audiv-eri-m	*ich soll gehört haben**
audiv-isti	*du hast gehört*	audiv-eri-s	*du habest gehört, sollst gehört haben**
audiv-it	*er, sie, es hat gehört*	audiv-eri-t	*er, sie, es habe gehört; soll gehört haben**
audiv-imus	*wir haben gehört*	audiv-eri-mus	*wir sollen gehört haben**
audiv-istis	*ihr habt gehört*	audiv-eri-tis	*ihr habet gehört, sollt gehört haben**
audiv-erunt	*sie haben gehört*	audiv-eri-nt	*sie sollen gehört haben**

Plusquamperfekt Aktiv

Indikativ		Konjunktiv	
audiv-era-m	*ich hatte gehört*	audiv-isse-m	*ich hätte gehört*
audiv-era-s	*du hattest gehört*	audiv-isse-s	*du hättest gehört*
audiv-era-t	*er, sie, es hatte gehört*	audiv-isse-t	*er, sie, es hätte gehört*
audiv-era-mus	*wir hatten gehört*	audiv-isse-mus	*wir hätten gehört*
audiv-era-tis	*ihr hattet gehört*	audiv-isse-tis	*ihr hättet gehört*
audiv-era-nt	*sie hatten gehört*	audiv-isse-nt	*sie hätten gehört*

* In älteren Büchern ist der Konjunktiv I im Deutschen oft mit „mögen“ übersetzt, also z. B. audiverim, *ich möge gehört haben*.

Perfekt Passiv

Indikativ			Konjunktiv		
auditus, -a, -um	sum	*ich bin gehört worden*	auditus, -a, -um	sim	*ich sei gehört worden*
	es	*du bist gehört worden*		sis	*du seiest gehört worden*
	est	*er, sie, es ist gehört worden*		sit	*er, sie, es sei gehört worden*
auditi, -ae, -a	sumus	*wir sind gehört worden*	auditi, -ae, -a	simus	*wir seien gehört worden*
	estis	*ihr seid gehört worden*		sitis	*ihr seiet gehört worden*
	sunt	*sie sind gehört worden*		sint	*sie seien gehört worden*

Plusquamperfekt Passiv

Indikativ			Konjunktiv		
auditus, -a, -um	eram	*ich war gehört worden*	auditus, -a, -um	essem	*ich wäre gehört worden*
	eras	*du warst gehört worden*		esses	*du wärst gehört worden*
	erat	*er, sie, es war gehört worden*		esset	*er, sie, es wäre gehört worden*
auditi, -ae, -a	eramus	*wir waren gehört worden*	auditi, -ae, -a	essemus	*wir wären gehört worden*
	eratis	*ihr wart gehört worden*		essetis	*ihr wärt gehört worden*
	erant	*sie waren gehört worden*		essent	*sie wären gehört worden*

6 Deponentien

- Deponentien haben passive Formen, aber aktive Bedeutung. Sie haben sozusagen die Bedeutung des Passivs abgelegt (*deponere*).
- Oft beinhalten Deponentien eine reflexive Handlung.

hortari	*ermahnen*
vereri	*fürchten*
largiri	*schenken*
loqui	*sprechen*
pati	*leiden*
misereri	*sich erbarmen*

Die Deponentien werden wie das Passiv der aktiven Verben konjugiert. Sie bilden jedoch auch alle aktivischen Nominalformen und das Gerundiv.

ā-Konjugation	ē-Konjugation	ī-Konjugation	Konsonantenstämme	ĭ-Stämme
Imperativ				
horta-re horta-mini	vere-re vere-mini	largi-re largi-mini	loqu-e-re loqu-i-mini	pate-re pati-mini
Inf. Futur				
horta-turum, -am, -um esse	veri-turum, -am, -um esse	largi-turum, -am, -um esse	locu-turum, -am, -um esse	pass-urum, -am, -um esse
PPA				
hortans, -ntis	verens, -ntis	largiens, -ntis	loquens, -ntis	patiens, -ntis
Gerund				
horta-nd-i	vere-nd-i	largi-e-nd-i	loqu-e-nd-i	pati-e-nd-i
Gerundiv				
horta-nd-us	vere-nd-us	largi-e-nd-us	loqu-e-nd-us	pati-e-nd-us

Die so genannten Semideponentien haben in der Regel im Präsensstamm aktive Endungen und nur im Perfektstamm passivische.

gaudere, gaudeo, gavisus sum
sich freuen

audere, audeo, ausus sum
wagen

7 Verba anomala

7.1 *esse* (sein)

- Der Präsensstamm von *esse* lautet *es-* oder *s-*.
- Das s wird zwischen zwei Vokalen (im Imperfekt und im Futur I) zu *r*.
- Der Perfektstamm von *esse* lautet *fu-*. Er hat eine regelmäßige Konjugation.

sum, es, est
ich bin, du bist, er ist

eram, ero
ich war, ich werde sein

fu-i, fu-eram, fu-isse
ich bin gewesen, ich war gewesen, gewesen (zu) sein

Indikativ Präsens		Konjunktiv Präsens		Futur I	
s-u-m	*ich bin*	s-i-m	*ich sei*	er-o	*ich werde sein*
es	*du bist*	s-i-s	*du seist*	er-i-s	*du wirst sein*
es-t	*er, sie, es ist*	s-i-t	*er, sie, es sei*	er-i-t	*er, sie, es wird sein*
s-u-mus	*wir sind*	s-i-mus	*wir seien*	er-i-mus	*wir werden sein*
es-tis	*ihr seid*	s-i-tis	*ihr seiet*	er-i-tis	*ihr werdet sein*
s-u-nt	*sie sind*	s-i-nt	*sie seien*	er-u-nt	*sie werden sein*

Indikativ Imperfekt		Konjunktiv Imperfekt	
er-a-m	*ich war*	es-se-m	*ich wäre (würde sein)*
er-a-s	*du warst*	es-se-s	*du wärest*
er-a-t	*er, sie, es war*	es-se-t	*er, sie, es wäre*
er-a-mus	*wir waren*	es-se-mus	*wir wären*
er-a-tis	*ihr wart*	es-se-tis	*ihr wärt*
er-a-nt	*sie waren*	es-se-nt	*sie wären*
PPA		**PFA**	
(ab-sens, -ntis	*abwesend)*	fu-turus, -a, -um	*einer, der sein wird*
(prae-sens, -ntis	*anwesend)*		

Infinitive		Imperative	
es-se	*sein*	es	*sei!*
		es-te	*seid!*
fu-tūrum, -am, -um esse / fore	*sein werden (in Zukunft sein)*	es-to	*du sollst sein*
		es-to	*er, sie, es soll sein*
		es-tote	*ihr sollt sein*
fu-is-se	*gewesen zu sein*	s-u-nto	*sie sollen sein*

Indikativ Perfekt		Konjunktiv Perfekt	
fu-i	*ich bin gewesen*	fu-eri-m	*ich sei gewesen*
fu-isti	…	fu-eri-s	…
…		…	

Ind. Plusquamperfekt		Konj. Plusquamperfekt		Futur II	
fu-era-m	*ich war gewesen*	fu-isse-m	*ich wäre gewesen*	fu-er-o	*ich werde gewesen sein …*
fu-era-s	…	fu-isse-s	…	fu-eri-s	
…		…		…	

Komposita von esse	
abesse, absum, afui	*abwesend sein, entfernt sein*
adesse, adsum, affui	*da sein, beistehen, helfen*
deesse, desum, defui	*fehlen, mangeln*
inesse, insum, (infui)	*darin sein*
interesse , intersum, interfui (m. Dat.)	*dabei sein, teilnehmen*
praeesse, praesum, praefui	*vorgesetzt sein, leiten*
prodesse, prosum, profui (pro-d- vor Vokal)	*nützlich sein, nützen*
superesse, supersum, superfui	*übrig sein, überleben*

7.2 *posse* (können)

• Die Formen von ***posse*** (können) sind aus dem Stamm *pote* (mächtig, imstande) und Formen von *esse* entstanden.	pot-es, pot-eram *du kannst, ich konnte*
• Der **Präsensstamm** von *posse* lautet ***pot-*** oder ***pos-***. Das **t** des Affixes *pot-* wird zu **s** in der Zusammensetzung mit den mit **s** beginnenden Formen von ***esse***.	pos-sum, pos-sim *ich kann, ich könne*
• Der **Perfektstamm** lautet ***potu-***. Die Formen des Perfektstamms werden regelmäßig gebildet.	potu-i, potu-eram, potu-isse *ich habe gekonnt, ich hatte gekonnt, gekonnt (zu) haben*

Indikativ Präsens		**Konjunktiv Präsens**	
pos-sum	*ich kann*	**pos**-sim	*ich könne*
pot-es	*du kannst*	**pos**-sis	*du könnenst*
pot-est	*er, sie, es kann*	**pos**-sit	*er könne*
pos-sumus	*wir können*	**pos**-simus	*wir können (wohl)*
pot-estis	*ihr könnt*	**pos**-sitis	*ihr könnt (wohl)*
pos-sunt	*sie können*	**pos**-sint	*sie können (wohl)*
Indikativ Imperfekt		**Konjunktiv Imperfekt**	
pot-eram	*ich konnte*	**pos**-sem	*ich könnte*
pot-eras	*du konntest*	**pos**-ses	*du könntest*
…	…	…	…
Futur I		**Infinitive**	
pot-ero	*ich werde können*	pos-se	*(zu) können*
pot-eris	*du wirst können*	potu-isse	*gekonnt (zu) haben*
…	…		

7.3 *fieri* (gemacht werden, geschehen)

- Das Verb *fieri* ersetzt den fehlenden passiven Präsensstamm von *facere*.
- *fieri* hat den Präsensstamm **fi-**.
- Die Formen des Perfektstammes werden vom PPP von *facere* gebildet.

factus sum, factus eram
ich bin gemacht worden, ich war gemacht worden / entstanden

fieri, fio, factus sum	(gemacht) werden, entstehen, geschehen	fit	*es wird (gemacht), geschieht, entsteht*

Indikativ Präsens		Konjunktiv Präsens	
fi-o	*ich werde (gemacht)*	fi-a-m	*ich soll (gemacht) werden, entstehen*
fi-s	*du wirst (gemacht)*	fi-a-s	*…*
fi-t	*er, sie es, wird (gemacht)*	fi-a-t	
fi-mus	*wir werden (gemacht)*	fi-a-mus	
fi-tis	*ihr werdet (gemacht)*	fi-a-tis	
fi-u-nt	*sie werden (gemacht)*	fi-a-nt	
Indikativ Imperfekt		**Konjunktiv Imperfekt**	
fi-e-ba-m	*ich wurde (gemacht), entstand …*	fi-e-re-m	*ich würde (gemacht), entstünde …*
fi-e-ba-s		fi-e-re-s	
…		…	
Futur I		**Infinitiv Futur**	
fi-a-m	*ich werde (gemacht) werden, entstehen*	fore	*in Zukunft (gemacht) werden, entstehen*
fi-e-s	*usw.*	**PFA**	
fi-e-t	*…*	futurus, -a, -um	*zukünftig*
…			

7.4 *ire* (gehen)

- Der Präsensstamm von *ire* lautet **i-**; er wird **vor a, e, o** zu **e**.
- Der Perfektstamm ist ebenfalls **i-**.
- Der Perfektstamm *i* wird mit einem anstoßenden *i* zu einem langen *i* verschmolzen, wenn *s* darauf folgt.

ire, eo, ii, itum est gehen

i-t, e-o, e-a-mus!
er geht, ich gehe, lasst uns gehen!

ii, isti, iit, iimus, istis, ierunt
ich bin gegangen, du bist gegangen, er ist gegangen …

issem, isses …
ich wäre gegangen, du wärest gegangen …

itum est
es wurde gegangen, man ging

Indikativ Präsens		Konjunktiv Präsens	
e-o	*ich gehe*	e-a-m	*ich soll gehen*
i-s	*du gehst*	e-a-s	*du sollst gehen*
i-t	*er, sie, es geht*	e-a-t	*er, sie, es gehe*
i-mus	*wir gehen*	e-a-mus	*wir sollen gehen*
i-tis	*ihr geht*	e-a-tis	*ihr sollt gehen*
e-u-nt	*sie gehen*	e-a-nt	*sie sollen gehen*
Indikativ Imperfekt		**Konjunktiv Imperfekt**	
i-ba-m	*ich ging*	i-re-m	*ich ginge (würde gehen)*
i-ba-s	*du gingst*	i-re-s	*du gingest (würdest gehen) …*
…	…	…	
Futur I		**PPA**	
i-b-o i-bi-s	*ich werde gehen* *du wirst gehen*	i-ens, e-u-ntis	*gehend, einer, der geht*
…	…	**PFA**	
ibu-nt	*sie werden gehen*	i-turus, -a, -um	*einer, der gehen wird / will*

7.5 *ferre* (tragen, bringen)

- **Präsensstamm** von *ferre* ist ***fer-***. Das Passiv ist regelmäßig.
- Der **Perfektstamm** von *ferre* lautet ***tul-***. Der **PPP-Stamm** ist ***lat-***.

ferre, fero, tuli, latum tragen, bringen

fer-o, fer-s, fer-t, …, fer-u-nt
fer-or, fer-ris, fer-tur, …, fer-u-ntur

tul-i, tul-eram
latus sum, latus eram

Indikativ Präsens		Konjunktiv Präsens		Futur I	
fer-o	*ich trage*	fer-a-m	*ich soll tragen*	fer-a-m	*ich werde tragen*
fer-s	*du trägst*	fer-a-s		fer-e-s	
fer-t	*er trägt*	…	…	…	…
fer-i-mus	*wir tragen*	**Indikativ Imperfekt**		**Konjunktiv Imperfekt**	
fer-tis	*ihr tragt*	fer-e-ba-m	*ich trug*	fer-re-m	*ich trüge*
fer-u-nt	*sie tragen*	…		…	

Infinitive Aktiv		Infinitive Passiv	
fer-re	*tragen, bringen*	fer-ri	*getragen werden, eilen, stürzen*
laturum, -am, -um esse	*tragen (zu) werden*	latum iri	*in Zukunft getragen (zu) werden*
tul-isse	*getragen (zu) haben*	latum, -am, -um esse	*getragen worden (zu) sein*

Partizipien			
fer-e-ns, -ntis	*tragend*	latus, -a, -um	*einer, der getragen worden ist*
laturus, -a, -um	*einer, der tragen wird*		

Imperative Aktiv		Gerundiv	
fer! fer-te!	*trage! tragt!*	fer-e-ndus, -a, -um	*einer, der getragen werden muss*
fer-to	*du sollst tragen / er, sie, es soll tragen*		
fer-tote	*ihr sollt tragen*		
fer-u-nto	*sie sollen tragen*		

7.6 *velle, nolle* und *malle* (wollen, nicht wollen, lieber wollen)

velle, nolle und ***malle*** haben im Präsensstamm häufigen Vokalwechsel:

- *velle:* Präsensstamm ***vel-*** bzw. ***vol-*** — vol-u-mus, vel-i-mus
- *nolle:* Präsensstamm ***nol-*** (teils Umschreibung mit *non velle*) — nol-o, non vis; nol-im, nol-is
- *malle:* Präsensstamm ***mal-/mavul-*** — mal-o, ma-vis

Der regelmäßige Perfektstamm endet auf ***-u: volu-, nolu-, malu-***. — volu-i, volu-eram
ich habe gewollt, ich hatte gewollt

velle, volo, volui wollen
nolle, nolo, nolui nicht wollen
(aus *non velle*)
malle, malo, malui lieber wollen
(aus *magis velle*)

Indikativ Präsens			Konjunktiv Präsens		
velle	nolle	malle	velle	nolle	malle
volo	nolo	malo	velim	nolim	malim
vis	non vis	mavis	velis	nolis	malis
vult	non vult	mavult	velit	nolit	malit
volumus	nolumus	malumus	velimus	nolimus	malimus
vultis	non vultis	mavultis	velitis	nolitis	malitis
volunt	nolunt	malunt	velint	nolint	malint
Indikativ Imperfekt			**Konjunktiv Imperfekt**		
volebam	nolebam	malebam	vellem	nollem	mallem
volebas	nolebas	malebas	velles	nolles	malles
…	…	…	…	…	…
Futur I			**PPA**	**Imperativ**	
volam	nolam	malam	volens, -ntis	noli! nolite!	
voles …	noles …	males …		nolito! nolitote!	

7.7 Verba defectiva

Einige Verben haben nicht alle Verbalstämme oder Formen. Man bezeichnet sie deshalb als „verba defectiva" (unvollständige Verben).

- Nur einen Präsensstamm besitzen:

aio, ais, ait, aiunt ***inquam, inquis, inquit***	ich sag(t)e …	„Quid igitur est?", inquit. *„Was also ist es?", sagt(e) er.*

- Nur im Perfektstamm kommen vor:

coepisse Perfekt zu incipere	angefangen zu haben	Caesar oppidum expugnare coepit. *Cäsar begann die Stadt zu erobern.*
odisse	hassen *(präsentische Bedeutung)*	odi, oderam *ich hasse, ich hasste*
meminisse	sich erinnern	

- Einzelformen sind:

quaeso ***quaesumus***	(ich) bitte wir bitten	(Ut) venias, quaeso. *Ich bitte dich, dass du kommst.*
Salve! Ave! ***Salvete! Avete!***	Sei gegrüßt! Seid gegrüßt!	

- Nur wenige Formen bilden die beiden folgenden Verben:

quire	können	queo, queat; quivi
nequire	nicht können	nequit, nequeunt; nequivi

Kasuslehre

Jedes Nomen im Satz steht in einem bestimmten Kasus (Fall). Dadurch werden seine Funktion als Satzglied und seine logische Beziehung zum gesamten Satz festgelegt.

1 Der Akkusativ

Der Akkusativ, ursprünglich der Kasus der Richtungsangabe, bezeichnet:	
• eine **Person oder Sache**, auf die eine Tätigkeit gerichtet ist	Te laudo. *Ich lobe dich.*
• eine räumliche oder zeitliche **Ausdehnung**	multos annos *viele Jahre lang*
• die **Richtung** bzw. das **Ziel** einer Bewegung	Romam properat. *Er eilt nach Rom.*

1.1 Der Akkusativ als Objekt

• Manche lateinischen transitiven Verben sind im Deutschen schöner mit dem Dativ zu verbinden:

adiuvare alqm.	jmdm. helfen (jmdn. unterstützen)	Fortes fortuna adiuvat. *Den Tapferen hilft das Glück.*
deficere alqm.	jmdm. fehlen, ausgehen	Vires me defecerunt. *Mir gingen die Kräfte aus.*
(ef)fugere alqd.	einer Sache entkommen (etw. vermeiden)	Mortem effugere non potuerunt. *Sie konnten dem Tod nicht entkommen.*
sequi alqm.	jmdm. folgen (jmdn. verfolgen)	

- Folgende unpersönlichen Ausdrücke haben im Lateinischen ein Akkusativobjekt bei sich:

decet me	es gehört sich für mich	Omnes miseros adiuvare decet. *Es gehört sich für alle, den Armen zu helfen.*
iuvat me	es macht mir Freude, ich freue mich	
fallit me / ***fugit me***	es entgeht mir	Me fugit te iam advenisse. *Es entging mir, dass du schon angekommen warst.*

- Intransitive Verben der Bewegung werden durch Zusammensetzung mit einer Präposition oft transitiv.

convenire aliquem
jemanden besuchen

inire proelium
ein Gefecht beginnen

obire mortem
sterben

subire labores
Mühen auf sich nehmen

- Folgende Verben sind im Lateinischen transitiv, werden im Deutschen aber mit einem Präpositionalausdruck verbunden:

flere alqd.	über etw. weinen	Troiani fatum urbis flebant. *Die Trojaner weinten über das Schicksal der Stadt.*
queri alqd.	über etw. klagen	
desperare alqd.	an etw. verzweifeln	Pompeiani salutem suam desperabant. *Die Einwohner Pompejis verzweifelten an ihrer Rettung.*
ulcisci alqm.	sich an jmdm. rächen	
ulcisci alqd.	sich für etw. rächen	Iniuriam ulti sunt. *Sie rächten sich für das Unrecht.*
petere magistratum	sich um ein Amt bewerben	

1.2 Der doppelte Objektsakkusativ

- Manche Verben haben zwei Akkusativobjekte bei sich, eines der Person und eines der Sache:

docere alqm. alqd.	jmdn. etw. lehren	Magistri discipulos linguas alienas docent. *Die Lehrer lehren die Schüler fremde Sprachen.*
petere alqm. alqd.	von jmdm. etw. fordern	

- Manche Verben haben einen Akkusativ als Objekt und einen zweiten als Prädikatsnomen bei sich. Im Deutschen wird meist ein „für", „zu" oder „als" eingefügt.

appellare, *dicere*, *nominare*, *vocare*	nennen, als etw. bezeichnen	Aristidem aequales „Iustum" appellabant. *Den Aristides nannten seine Zeitgenossen „den Gerechten".*
ducere, *existimare*, *putare*, *iudicare*	für etw. halten	Te amicum fidum puto. *Ich halte dich für einen treuen Freund.*
habere	als etw. haben	
se praebere, *se praestare*	sich als etw. zeigen, sich als etw. bewähren	Te amicum fidum praebuisti. *Du hast dich als guter Freund gezeigt.*

Im Passiv erscheinen Subjekt und Prädikatsnomen im Nominativ (NcI, vgl. S. 125 f.).

Aristides ab aequalibus „Iustus" appellabatur.
Aristides wurde von seinen Zeitgenossen „der Gerechte" genannt.

- Bei Verben des „Hinüberführens" stehen Person und Ortsangabe im Akkusativ.

traicere	übersetzen	Caesar copias flumen traiecit. *Cäsar setzte die Truppen über den Fluss.*
traducere	hinüberführen	

1.3 Der Akkusativ als inneres Objekt

- In manchen Redewendungen wird der Inhalt des Verbs durch das Akkusativobjekt noch einmal aufgenommen („inneres Objekt“).

vitam vivere	ein Leben führen
facinus facere	eine Tat vollbringen
pugnam pugnare	einen Kampf liefern

Opto, ut ruri vitam iucundam vivas.
Ich wünsche (dir), dass du auf dem Land ein angenehmes Leben führen kannst.

- Bei einigen Verben wird das innere Objekt durch das Neutrum eines Pronomens gebildet.

hoc orare	darum bitten
id dubitare	daran zweifeln
id studere	danach streben

Hoc te oro, ut mihi ignoscas.
Ich bitte dich darum, dass du mir verzeihst.

1.4 Der adverbiale Akkusativ

- Der adverbiale Akkusativ gibt Häufigkeit/Stärke des Verbinhalts an.
- Er kommt bei einigen Pronomina und Adjektiven im Neutr. Sg. vor:

multum	viel, oft, sehr
plus	mehr
plurimum	am meisten, sehr viel
tantum	so viel, nur
quid?	Wieso? Warum?
nihil	in keiner Weise, durchaus nicht

Quid veniam?
Warum soll ich kommen?

- Adverbialer Akkusativ liegt auch bei Redewendungen mit *pars* vor.

magnam partem
zum Großteil

1.5 Der Akkusativ der Ausdehnung

Der Akkusativ der Ausdehnung steht

- bei Maßangaben auf die Frage: **Wie lang/breit/hoch/tief?**
  quinquaginta pedes altus
  fünfzig Fuß hoch
- bei Streckenangaben auf die Frage: **Wie weit?**
  quinque milia passuum abesse
  fünf Meilen entfernt sein
- bei Zeitangaben auf die Frage: **Wie lange?**
  dies noctesque laborare
  Tag und Nacht arbeiten
  Decem annos a patria afuit.
  Er war zehn Jahre fern von der Heimat.
- bei Altersangaben auf die Frage: **Wie alt?**
  viginti annos natus
  zwanzig Jahre alt

1.6 Der Akkusativ der Richtung

- Der Akkusativ der Richtung steht bei Verben der Bewegung auf die Frage: **Wohin?** bei Namen von **Städten, Dörfern** und **kleineren Inseln** und in bestimmten Wendungen.
  Romam profectus est.
  Er ist nach Rom aufgebrochen.
  domum, rus
  nach Hause, aufs Land
- Bei einigen Verben gibt das Lateinische auf die Frage „Wohin?" das Ziel an, das Deutsche fragt dagegen nach dem Ort („Wo?").
  Ad amicos conveniamus!
  Lasst uns bei den Freunden zusammenkommen!

2 Der Dativ

- Der Dativ ist der Kasus der Zuwendung und Beteiligung.
- Er bezeichnet:
  1. eine Person bzw. Sache, der eine Handlung gilt

     Tibi gratias ago.
     Ich danke dir.
  2. eine Person bzw. Sache, für die eine Handlung geschieht

     Non scholae, sed vitae discimus.
     Wir lernen nicht für die Schule, sondern fürs Leben.
  3. den Zweck einer Handlung

     Auxilio veniam.
     Ich werde zu Hilfe kommen.
- Er ergänzt somit v. a. Verben aus den Wortfeldern geben, dienen, helfen, nützen, raten, (an)vertrauen und befehlen.

  Fortunae ne nimis credideris!
  Vertraue dem Glück nicht allzu sehr!
- Oft haben Verben sowohl ein Dativ- wie ein Akkusativobjekt bei sich.

  alicui fidem habere
  jemandem Glauben (Vertrauen) schenken

2.1 Der Dativ als Objekt

- Folgende Verben stehen im Lateinischen mit Dativ, werden aber mit Akkusativ oder Präpositionalausdruck übersetzt:

favere alicui	jmdn. begünstigen (jmdm. gewogen sein)	Fortuna Romanis favit. *Das Glück begünstigte die Römer.*
parcere alicui	jmdn. schonen	
persuadere alicui	jmdn. überreden, überzeugen	mihi persuasum est *ich bin überzeugt*
invidere alicui	jmdn. beneiden	Vir magni animi nemini invidet. *Ein großherziger Mensch beneidet niemanden.*

nubere alicui	jmdn. heiraten	
studere alicui rei	sich um etw. bemühen, etw. studieren	Discipuli linguis alienis studeant! *Die Schüler sollen sich um die Fremdsprachen bemühen!*

- Manche Verben (besonders *esse*) können nach der Zusammensetzung mit einer Präposition ein Dativobjekt bei sich haben, v. a.:

adesse alicui	jmdm. helfen	Amici tibi semper aderunt. *Deine Freunde werden dir immer helfen (immer für dich da sein).*
prodesse alicui	jmdm. nützen	
praeesse alicui rei	etw. leiten	
interesse alicui rei	an etw. teilnehmen	
excellere alicui	jmdn. übertreffen	Haec domus ornamentis ceteris excellit. *Dieses Haus übertrifft durch seinen Schmuck alle übrigen.*
succedere alicui	jmdm. nachfolgen	

- Folgende unpersönliche Verben stehen mit Dativ:

accidit alicui	es stößt jmdm. zu	Quid tibi accidit? *Was ist dir zugestoßen?*
licet alicui	es ist jmdm. erlaubt, jmd. darf	
placet alicui	es gefällt jmdm., jmd. beschließt	Senatui placuit … *Der Senat beschloss …*

- Der Dativ kann auch zu einigen Adjektiven treten:

communis	gemeinsam	
utilis	nützlich	Scientia linguarum alienarum omnibus utilis est. *Die Kenntnis fremder Sprachen ist allen nützlich.*
fidus	treu	
invisus	verhasst	
par / aequus	gleich	

2.2 Der Dativus commodi

- Der Dativus commodi ist der **Dativ des Vorteils**. Er bezeichnet auf die Frage: **Für wen? Wofür?** eine Person oder Sache, zu deren **Nutzen / Schaden** etwas geschieht.
- Im Deutschen bietet sich oft die Einfügung „für" an.

  Hoc non mihi poposci.
  Das habe ich nicht für mich gefordert.

- Verben in der Bedeutung „sorgen für" o. Ä. haben den Dativ bei sich, mit Akkusativ haben sie eine andere Bedeutung.

consulere alicui	für jmdn. sorgen	Magistratuum est civibus consulere. *Es ist Aufgabe der Beamten, für die Bürger zu sorgen.*
consulere aliquem	jmdn. befragen, um Rat fragen	Cives magistratus consuluerunt. *Die Bürger fragten die Beamten um Rat.*
providere alicui	für jmdn. sorgen	
providere aliquid	etw. vorhersehen	
timere alicui (rei)	sich um jmdn. (etw.) sorgen, ängstigen	Timeo saluti avi. *Ich sorge mich um die Gesundheit des Großvaters.*
timere aliquem	jmdn. fürchten	
temperare alicui (rei)	jmdn. schonen, etw. mäßigen	irae temperare *den Zorn mäßigen*
temperare aliquid	etw. leiten, ordnen	

2.3 Der Dativus possessivus und Dativus auctoris

• Der Dativus possessivus ist der Dativ der **Zugehörigkeit**. Er bezeichnet – verbunden mit *esse* – den **Besitzer** einer Sache.	Amicis nostris magna praedia sunt. *Unseren Freunden gehören große Landgüter. (Unsere Freunde besitzen große Landgüter.)*
• Ähnlich wird der **Dativus auctoris** (Dativ des Urhebers/Täters) beim **Gerundiv** gebraucht (S. 116)	Tibi multi labores subeundi sunt. *(Von dir müssen viele Mühen auf sich genommen werden.)* *Du musst viele Mühen auf dich nehmen.*
• Gelegentlich steht der Dativus auctoris auch statt des Ablativs beim regulären Passiv.	Tibi consilium captum est. *Du hast deinen Entschluss gefasst.*

2.4 Der Dativus finalis

• Der Dativus finalis ist der Dativ des **Zwecks**. Er gibt auf die Frage **Wozu?** Zweck oder Wirkung einer Handlung an.		auxilio venire *zu Hilfe kommen*
• Oft ist er mit *esse* verbunden. Häufig haben solche Redewendungen ein weiteres Dativobjekt der Person bei sich. Als Hilfsübersetzung vor der freien Übersetzung bietet sich die Wendung „gereichen zu etw." an.		
usui esse	Nutzen bringen, nützlich sein	Scientia linguarum alienarum omnibus usui est. *Die Kenntnis von Fremdsprachen ist für alle nützlich (Hilfsübersetzung: gereicht allen zum Nutzen).*
detrimento esse	Schaden/Nachteil bringen	
honori esse	Ehre (ein)bringen	Haec voluntas tibi magno honori est. *Diese Absicht bringt dir große Ehre ein (ehrt dich sehr).*

cordi esse	am Herzen liegen	Mihi salus meorum valde cordi est. *Das Wohlergehen der Meinen liegt mir sehr am Herzen.*
curae esse	Sorgen machen, Sorgen bereiten	
odio esse	Hass einbringen, verhasst sein, (oft Ersatz für das fehlende Passiv von *odisse*:) gehasst werden	Romani Hannibali maximo odio erant. *Dem Hannibal waren die Römer überaus verhasst. (Hannibal hasste die Römer erbittert.)*

- Der Dativus finalis steht auch in folgenden Wendungen:

alicui aliquid crimini dare	jmdm. etw. zum Vorwurf machen, vorwerfen	Tibi ignaviam crimini do. *Ich mache dir deine Untätigkeit zum Vorwurf.*
alicui aliquid vitio dare	jmdm. etw. als Fehler anrechnen	
auxilio venire	zu Hilfe kommen	
auxilio mittere	zu Hilfe schicken	
praesidio relinquere	zum Schutz zurücklassen	Copiae castris praesidio relictae sunt. *Zum Schutz des Lagers wurden Truppen zurückgelassen.*

3 Der Genitiv

- **Der** Genitiv bezeichnet eine Zugehörigkeit oder einen Bereich, in den eine Verbalhandlung fällt.
- Er hängt in der Regel (als Attribut) von einem Nomen ab, kann aber auch mit einem Verbum oder einem Adverb verbunden sein.

domus parentum
das Haus meiner Eltern

Haec domus parentum est.
Dies ist das Haus meiner Eltern.
Dieses Haus gehört meinen Eltern.

3.1 Der Genitiv als Attribut

- Der Genitiv wird meistens wie im Deutschen als Attribut auf die Frage „Wessen?“ gebraucht.
- Meist kann man ihn wörtlich übersetzen; manchmal ist die Umwandlung in ein Adjektiv eleganter.

magnitudo animi
die Größe des Geistes; geistige Größe

3.2 Der Genitivus possessivus

- Der Genitivus possessivus (Genitiv der Zugehörigkeit) gibt (im weitesten Sinn) den Besitzer / Eigentümer einer Sache an.
- Meist hat der Genitivus possessivus die Funktion eines Attributes.
- In Verbindung mit *esse* (u. ä. Verben) tritt der Genitivus possessivus auch als Prädikatsnomen auf:

esse alicuius	jmdm. gehören
fieri alicuius	jmds. Eigentum werden
haberi alicuius / ***duci alicuius***	als jmds. Eigentum gelten

templum Iovis
der Tempel des Jupiter

mores maiorum
die Sitten der Vorfahren

Haec villa patris est.
Diese Villa gehört dem Vater.

- Der Genitivus possessivus kann als **Prädikatsnomen bei *esse*** auch den **Tätigkeitsbereich** oder das **Wesen** einer Person oder Sache kennzeichnen.

esse alicuius	es ist Pflicht / Aufgabe / Gewohnheit von jmdm.	iudicum est *es ist Aufgabe der Richter*
esse alicuius rei	es ist ein Zeichen von etw.; es beweist, verrät, zeugt von etw.	stultitiae est *es ist ein Zeichen von Dummheit;* *es zeugt von Dummheit*

3.3 Der Genitivus explicativus

- Der Genitivus explicativus ist der Genitiv der **Begriffsbestimmung**. Er erklärt einen Begriff oder grenzt ihn näher ein.

virtus iustitiae
die Tugend (der) Gerechtigkeit

- Ins Deutsche lässt er sich wörtlich übersetzen; gelegentlich ist er freier mit dem Nominativ wiederzugeben.

nomen dictatoris
der Titel „Diktator"

3.4 Der Genitivus subiectivus und Genitivus obiectivus

- Der **Genitivus subiectivus** bezeichnet das **Subjekt**, das eine Empfindung hat oder eine Handlung vollzieht.

metus liberorum
die Furcht der Kinder

- Der **Genitivus obiectivus** bezeichnet das **Objekt**, auf das sich die Empfindung bzw. Handlung richtet.
  Der Genitivus obiectivus wird im Deutschen oft mit einem **Präpositionalausdruck** wiedergegeben.

metus periculi
die Furcht vor der Gefahr

• Gelegentlich können Wendungen je nach Sinn mit Genitivus subiectivus oder Genitivus obiectivus übersetzt werden.	metus hominum *die Furcht der Menschen / die Furcht vor den Menschen*
• Bei Possessivpronomina ist die Übersetzung eindeutig, da es bei ihnen nur den Genitivus obiectivus gibt.	(amor suus *seine / ihre Liebe*) amor sui *die Liebe zu sich selbst, Selbstliebe*

3.5 Der Genitivus partitivus

Der Genitivus partitivus ist der **Genitiv des geteilten Ganzen.** Er bezeichnet eine Menge bzw. ein Ganzes; sein übergeordnetes Wort einen Teil davon. Er steht:	
• bei **substantivischen** (oder substantivierten) **Mengen-** und **Maßangaben**	magna copia frumenti *eine große Menge Getreide* multum, plus, plurimum operae *viel, mehr, sehr viel Mühe* nihil praesidii *kein Schutz*
• bei einigen **Pronomina**	quis nostrum? *wer von uns?* nemo vestrum *niemand von euch*
• bei **Komparativen** und **Superlativen**	maior fratrum *der ältere (größere) Bruder* pulcherrima urbs Italiae *die schönste Stadt Italiens*
• in einigen festen **Wendungen**	ubi terrarum? *wo auf der Welt?*

3.6 Der Genitivus qualitatis

- Der Genitivus qualitatis bezeichnet eine Eigenschaft oder Beschaffenheit des übergeordneten Substantivs. Er ist meist mit einem Attribut (Adjektiv, Pronomen oder Zahlwort) verbunden.

puer decem annorum
ein Junge von zehn Jahren, ein zehnjähriger Junge

eius modi res
derartige Dinge

- Der Genitivus qualitatis kann auch prädikativ gebraucht werden.

Haec res magni momenti est.
Diese Sache ist von großer Bedeutung.

3.7 Der Genitivus pretii

- Der Genitivus pretii, der Genitiv des Wertes, bezeichnet den Wert einer Person bzw. Sache.
- Der Genitivus pretii kann als Prädikatsnomen mit *esse* oder mit Verben des Einschätzens verbunden sein:

magni *pluris* *plurimi*	*esse*	viel mehr am meisten	wert sein
parvi *minoris* *minimi*	*putare* u. Ä.	gering geringer am geringsten	achten

Haec res magni est.
Diese Sache ist viel wert.

Sapiens divitias parvi ducit.
Ein Weiser achtet Reichtum gering.

- Der Genitiv des Wertes steht auch nach Verben der Kaufhandlung bei vergleichenden und fragenden Angaben:

quanti	wie viel
tanti	so viel
pluris	mehr
minoris	weniger

Quanti hunc anulum emisti?
Für wie viel hast du diesen Ring gekauft?

3.8 Der Genitiv bei Adjektiven und Partizipien

• Der Genitiv steht bei den Adjektiven:		
sacer	heilig, geweiht	Hoc nemus Apollinis sacer est. *Dieser Hain ist dem Apollo heilig.*
proprius	eigentümlich, wesenhaft	
• Der Genitiv steht auch bei den Adjektiven der Bedeutungsfelder **„begierig, kundig, eingedenk, teilhaftig, mächtig, voll"** bzw. deren Gegenteil.		Ne nimis gloriae cupidi sitis! *Seid nicht allzu begierig nach Ruhm!* peritus iuris, memor iustitiae *rechtskundig, der Gerechtigkeit eingedenk* particeps rationis *vernunftbegabt* potens sui *seiner selbst mächtig* plenus periculorum *voll von Gefahren*
• Der Genitiv folgt den Partizipien einiger transitiver Verben bei Angabe einer dauernden Eigenschaft.		
patiens alicuius rei	ausdauernd bei etwas	patiens laborum *ausdauernd bei Mühen*
amans alicuius rei	etwas liebend	amans patriae *vaterlandsliebend*
appetens alicuius rei	begierig nach etwas	appetens gloriae *ruhmbegierig*
• Genitiv oder Dativ stehen bei den Adjektiven:		
communis	gemeinsam	Amicorum multa communia sunto. *Unter Freunden sollte vieles gemeinsam sein.*
similis	ähnlich	
par	gleich, gewachsen	

3.9 Der Genitiv als Objekt bei bestimmten Verben

- Der Genitiv steht als Objekt bei **Verben des Sich-Erinnerns**

meminisse alicuius rei	sich an etw. erinnern	
oblivisci alicuius rei	etw. vergessen	Patriae tuae numquam obliviscaris! *Du sollst deine Heimat nie vergessen!*

- Der Genitiv steht als Objekt bei **unpersönlichen Verben** wie

me paenitet alicuius rei	etw. reut mich	Huius facti te numquam paeniteat! *Diese Tat soll dich niemals reuen!*
me pudet alicuius rei	etw. beschämt mich	Huius iniuriae te semper pudeat! *Dieses Unrechts (für dieses Unrecht) solltest du dich immer schämen!*

- Der Genitiv steht als Objekt bei:

interest alicuius ***refert alicuius***	es ist jmdm. wichtig, es liegt jmdm. daran	Magistrorum interest nos officiorum semper memores esse. *Unseren Lehrern liegt daran, dass wir immer an unsere Pflichten denken.*

3.10 Der Genitivus criminis

- Der Genitivus criminis steht bei **Verben des Gerichtsverfahrens**, wobei hier die **Straftat** bzw. **Schuld** im Genitiv steht.

caedis convincere
des Mordes überführen

sceleris accusare
eines Verbrechens anklagen

capitis absolvere
von der Todesstrafe freisprechen

Die **verhängte Strafe** steht dabei im **Ablativ**.

exilio multare
mit der Verbannung bestrafen

capite* damnare
zum Tode verurteilen

* auch: capitis (damnare)

4 Der Ablativ

Im Ablativ sind die Funktionen von drei ursprünglich verschiedenen Kasus zusammengeflossen:
Die Angabe von

- Ausgangspunkt, Herkunft oder Trennung (Separativus):
  Woher? Von wo (aus)?

  Athenis proficisci
  von Athen abreisen

- Werkzeug bzw. Mittel (Instrumentalis):
  Womit? Wodurch?

  gladio pugnare
  mit dem Schwert kämpfen

- Ort bzw. Zeit (Lokativ):
  Wann? Wo?

  Athenis versari
  sich in Athen aufhalten, in Athen sein

Aus allen dreien haben sich weitere Bedeutungen entwickelt.

4.1 Der Ablativus separativus

- Der Ablativ des **(örtlichen) Ausgangspunktes** steht als bloßer Ablativ auf die Frage „**Woher?**"

  1. bei Eigennamen von **Städten** und **kleineren Inseln**,

     Roma proficisci
     von Rom abreisen

  2. bei einzelnen Wendungen.

     domo – rure
     von zuhause – vom Land

  Bei **größeren Inseln und Ländernamen** und bei Hinzutreten eines **Attributes** zu einer Ortsangabe steht in der Regel der Ablativ **mit Präposition** (*a*/*ab* oder *e*/*ex*).

  ex urbe Roma proficisci
  aus der Stadt Rom abreisen

- Der **Ablativus originis** (Ablativ der **Herkunft**) gibt mit ***natus*** oder ***ortus*** meist ohne Präposition die Abstammung bzw. Herkunft an: **„woher/von wem stammend?"**

  nobili genere ortus; Iove natus
  aus vornehmer Familie (stammend); von Jupiter abstammend, ein Sohn des Jupiter

- Der (eigentliche) Ablativus separativus steht:
  1. bei Verben der Bedeutungsfelder berauben, entbehren

     Ne omni spe careas!
     Mögest du nicht ohne jede Hoffnung sein (jede Hoffnung entbehren)!
  2. bei Verben der Bedeutungsfelder befreien/fernhalten/frei sein (gelegentlich auch bei Adjektiven dieser Wortfamilien), häufig mit Präposition

     Abstineatis (ab) iniuria!
     Haltet euch von Unrecht fern!

     Liber (a) curis sis!
     Mögest du frei von Sorgen sein!
  3. bei Verben mit Präfix *di(s)*- oder *se*- mit der Präposition *a/ab*

     Homines a bestiis ratione differunt.
     Die Menschen unterscheiden sich von den Tieren durch die Vernunft.
  4. bei einigen feststehenden Redewendungen

     Nostri ab (ex) omnibus partibus oppugnabantur.
     Die Unsrigen wurden von allen Seiten bestürmt.

4.2 Der Ablativus comparationis

- Der Ablativus comparationis* (Ablativ des Vergleichs) bezeichnet bei einem Komparativ die Person oder Sache, mit der etwas verglichen wird.
  1. Der Ablativus comparationis ersetzt *quam* mit einem Nominativ oder Akkusativ.

     Nihil est celerius fama.
     Nichts ist schneller als ein Gerücht.
     (= Nihil celerius est quam fama.)
  2. Er findet sich bei manchen Zahlen- und Maßangaben.

     plus centum sestertiis
     mehr als hundert Sesterzen
  3. Er steht in festen Wendungen.

     sole clarius
     sonnenklar (klarer als die Sonne)

     opinione/spe celerius
     schneller als erwartet

* Der Ablativus comparationis hat sich aus dem Separativ entwickelt. Er gibt den Ausgangspunkt eines Vergleichs an.

4.3 Der Ablativus instrumentalis

- Der Ablativus instrumentalis (Ablativ des **Mittels**) gibt auf die Frage **„Womit?"** bzw. **„Wodurch?"** an, durch welches Werkzeug bzw. Mittel etwas geschieht.

Paulus apostolus gladio occisus est.
Der Apostel Paulus wurde mit dem Schwert getötet.

Eine Reihe von lateinischen Redewendungen mit Ablativus instrumentalis übersetzt man im Deutschen freier.

memoria tenere
im Gedächtnis behalten

proelio lacessere
zum Kampf herausfordern

pugna vincere
im Kampf gewinnen

Der Ablativus instrumentalis steht speziell bei **Verben und Adjektiven des Ausstattens** und bei der Wendung:

alicui opus est aliqua re	jmd. braucht etw., benötigt etw.

ornare, complere, implere aliqua re
mit etwas ausstatten, an- / erfüllen

aliquem afficere aliqua re
jmdm. etwas zufügen (wörtl.: jmdn. mit etw. versehen)

Hoc libro mihi opus est.
Ich benötige (brauche) dieses Buch.

4.4 Der Ablativ als Objekt

- Der Ablativ als Objekt* steht bei folgenden Deponentien und ihren Komposita:

uti	Gebrauch machen von	Libertate recte utimini! *Gebraucht eure Freiheit in rechter Weise!*
fungi	sich beschäftigen mit, verwalten	
frui	genießen	Vita fruaris! *Mögest du dein Leben genießen!*
potiri	sich bemächtigen, Herr werden über	

* Der Ablativ als Objekt hat sich aus dem Instrumentalis entwickelt.

4.5 Der Ablativus pretii

• Der Ablativus pretii*, der Ablativ der **Preisangabe**, steht auf die Frage **„Für wieviel?“** bei Verben, die mit Geldverkehr zu tun haben.	parvo emere *billig kaufen* magno vendere *teuer verkaufen* parvo venire *billig verkauft werden*

* Der Ablativus pretii hat sich aus dem Instrumentalis entwickelt.

4.6 Der Ablativus causae

• Der Ablativus causae* (Ablativ des **Grundes**) gibt auf die Frage **„Weshalb?“, „Weswegen“?** die **Ursache** eines Geschehens an und steht besonders:	Rusticі labore duro fessi sunt. *Die Bauern sind aufgrund (wegen) der harten Arbeit erschöpft.*
1. bei Verben und Adjektiven von Freude und Trauer	gaudere, laetari aliqua re *sich freuen über etw.* laetus – tristis aliqua re *froh – traurig über etw.*
2. beim PPP bestimmter Verben (das PPP bleibt im Deutschen am besten unübersetzt)	adductus, permotus, impulsus aliqua re *aus … (veranlasst von etw.)* coactus aliqua re *aus … (gezwungen von etw.)*
3. in formelhaften Wendungen	iussu *auf Befehl* mea sponte *freiwillig, von mir aus* meo iudicio *meiner Meinung nach* qua re, quare *weshalb,* (im rel. Satzanschluss) *deswegen*

* Der Ablativus causae hat sich aus dem Instrumentalis entwickelt.

4.7 Der Ablativus limitationis

- Der Ablativus limitationis* (Ablativ der **Beziehung**) dient zur Eingrenzung eines Begriffes, für den eine bestimmte Handlung oder ein Zustand Geltung hat. Er steht auf die Frage **„In welcher Beziehung? Worin?"**

1. Der Ablativus limitationis steht besonders bei **Verben des Beurteilens, Vergleichens** und **Übertreffens**.

vincere, superare aliqua re
übertreffen (in etw.)

praestare alicui aliqua re
jmdn. übertreffen (in etw.)

metiri aliqua re
bemessen, beurteilen (nach etw.)

2. Der Ablativus limitationis steht bei feststehenden nominalen Wendungen.

maior natu – minor natu
älter – jünger

numero quindecim
fünfzehn an der Zahl

* Der Ablativus limitationis hat sich aus dem Instrumentalis entwickelt.

4.8 Der Ablativus mensurae / discriminis

- Der Ablativus mensurae / discriminis* (Ablativ des **Maßes / Unterschiedes**) gibt auf die Frage **„Um wie viel?"** besonders bei Komparativen das Maß an, durch das sich zwei verglichene Größen unterscheiden.

dimidio minor
um die Hälfte kleiner

multo facilius
viel leichter

paulo ante – paulo post
ein wenig früher – ein wenig später

quo longius … eo melius
(= quanto longius … tanto melius)
je länger … desto besser

* Der Ablativus mensurae / discriminis hat sich aus dem Instrumentalis entwickelt.

4.9 Der Ablativus sociativus und der Ablativus modi

• Der Ablativus sociativus* (Ablativ der Begleitung) gibt die Begleiterscheinungen einer Handlung an. Gewöhnlich steht er mit der Präposition *cum*; es sei denn, das betreffende Nomen hat ein Attribut bei sich.	Cum cura diligentiaque laboravisti. *Du hast sehr genau (wörtl. mit Sorgfalt und Genauigkeit) gearbeitet.* Summo (cum) studio didicistis. *Ihr habt mit höchstem Eifer gelernt.*
• Der Ablativus modi* (der Ablativ der Art und Weise) steht	
1. bei der Angabe einer Verfahrensweise	Eodem modo agas ac nuper! *Gehe auf die gleiche Weise vor wie neulich!* More maiorum sacrificium fecerunt. *Sie brachten nach Art der Vorfahren ein Opfer dar.*
2. bei der Angabe eines körperlichen oder seelischen Zustandes	Magna voce clamavit. *Er schrie mit lauter Stimme.* Aequo animo calamitatem perferebant. *Sie ertrugen das Unglück mit Gleichmut / Gelassenheit.*
3. in festen Wendungen	merito *verdientermaßen* iure – iniuria *zu Recht – zu Unrecht* casu / forte *zufällig* specie – re *scheinbar – tatsächlich*

* Der Ablativus sociativus und der Ablativus modi haben sich aus dem Instrumentalis entwickelt.

4.10 Der Ablativus qualitatis

- Der Ablativus qualitatis* (Ablativ der Beschaffenheit) bezeichnet eine Eigenschaft, die durch ein Substantiv, meist mit einem Adjektiv oder Pronomen verbunden, zum Ausdruck gebracht wird. Er kann Prädikatsnomen oder Attribut sein.

bono animo esse
guten Mutes sein

bona valetudine esse
bei guter Gesundheit sein

miles excellenti virtute
ein Soldat von hervorragender Tüchtigkeit

* Der Ablativus qualitatis hat sich aus dem Instrumentalis entwickelt.

4.11 Der Lokativ und der Ablativus loci

- Der Lokativ war ursprünglich ein eigener Kasus mit der Endung *-i* im Singular. Er gab auf die Frage „Wo?" den Ort eines Geschehens an. Im Lateinischen ist er in bestimmten Begriffen noch erhalten.

domi – ruri
zuhause – auf dem Land

humi
auf dem Boden

Bei Eigennamen von Städten und kleineren Inseln, die Singularwörter der a-/o-Deklination sind, fiel er mit dem Genitiv zusammen.

Romae – Deli
in Rom – auf Delos

- In allen anderen Fällen hat der Ablativus loci (des Ortes) die Funktion des Lokativ übernommen.

Er steht ohne Präposition:

1. bei Eigennamen von Städten und kleineren Inseln der a-/o-Deklination im Plural und aus allen anderen Deklinationen

   Athenis – Salamine
   in Athen – auf Salamis

2. bei *locus*, wenn es mit einem Attribut verbunden ist

   eo loco – suo loco
   an diesem Ort – am rechten Ort

3. bei Ortsangaben mit *totus* bzw. *omnis*

   toto orbe terrarum
   auf der ganzen Welt

4. in einigen festen Wendungen	terra marique *zu Wasser und zu Land* dextra / sinistra *zur Rechten / Linken*
Ansonsten steht, besonders bei **Ländernamen** und **größeren Inseln**, der **Ablativ mit *in***.	in Graecia – in Sicilia *in Griechenland – auf Sizilien*
Besonderheit Bei Verben wie **setzen, legen, zu etwas rechnen** u. Ä. ergänzt das **Lateinische** den Ort im **Ablativ**. Das Deutsche hingegen fragt „Wohin?".	in terra ponere *auf die Erde legen* hic consistere *sich hierher stellen* spem in virtute ponere *Hoffnung auf die Tüchtigkeit setzen*

4.12 Der Ablativus temporis

• Der Ablativus temporis* (Ablativ der **Zeit**) gibt auf die Frage **„Wann?" Zeit** und auch **Zeitspannen** an.	nocte / noctu – prima luce *nachts – bei Tagesanbruch* aestate – hieme *im Sommer – im Winter* solis ortu – solis occasu *bei Sonnenaufgang – bei Sonnenuntergang* memoria patrum *zur Zeit der Vorfahren* paucis diebus *innerhalb weniger Tage*
Bei **längeren Zeiträumen** und Zuständen steht der **Ablativ** verbunden **mit *in***.	in rebus secundis / adversis *im Glück / Unglück* in bello – in pace *im Krieg – im Frieden*

* Der Ablativus temporis ist wohl aus dem Ablativus loci entstanden.

Nominalformen des Verbums im Satz

1 Partizipien

Während das Deutsche zusätzliche Erklärungen zu einem Satz häufig durch Nebensätze verschiedener Art gibt, sind Partizipialkonstruktionen in der lateinischen Sprache eine sehr häufige Erscheinung.

1.1 Formen

- Das Partizip wird vom **Stamm eines Verbums** gebildet.
- Das Partizip hat die Form eines Adjektives mit **Kasus, Genus** und **Numerus**, kann aber wie ein Verb **Objekte** und **Adverbialia** bei sich haben.

mone-ns, lauda-tus

1.1.1 Partizip Präsens Aktiv (PPA)

- Das Partizip Präsens Aktiv (PPA) wird folgendermaßen gebildet: **Präsensstamm + *-ns, -ntis***

lauda-ns, lauda-ntis
lobend; einer, der lobt

- Bei der 3. Konjugation und der i-Konjugation wird der **Bindevokal *-e*** eingefügt.

reg-e-ns, reg-e-ntis
leitend; einer, der leitet

audi-e-ns, audi-e-ntis
hörend; einer, der hört

- Das PPA wird dekliniert wie ein einendiges Adjektiv der Mischklasse (S. 13).
  Der **Ablativ Singular** endet jedoch auf ***-e***.

Singular	Plural
lauda-ns	lauda-nt-es, -ia
lauda-nt-is	lauda-nt-ium
lauda-nt-i	lauda-nt-ibus
lauda-nt-em, -ns	lauda-nt-es, -ia
a lauda-nt-e	lauda-nt-ibus

1.1.2 Partizip Perfekt Passiv (PPP)

- Das Partizip Perfekt Passiv (PPP) wird bei regelmäßigen Verben folgendermaßen gebildet:
  Verbalstamm + *-tus, -ta, -tum*

  Bei vielen unregelmäßigen Verben ändert sich jedoch der Stamm bei der Bildung des PPP. Die Stammformen geben als letzte Form immer das PPP an.
- Das PPP wird dekliniert wie ein dreiendiges Adjektiv der a- / o-Deklination.

lauda-tus, lauda-ta, lauda-tum
gelobt; einer, der gelobt worden ist

audi-tus, audi-ta, audi-tum
gehört; einer, der gehört worden ist

mittere, mitto, misi, <u>missum</u>
→ PPP: missus, -a, -um
geschickt; einer der geschickt worden ist

1.1.3 Partizip Futur Aktiv (PFA)

- Das Partizip Futur Aktiv (PFA) wird bei regelmäßigen Verben folgendermaßen gebildet:
  Verbalstamm +
  -turus, -tura, -turum

  Das PFA hat immer denselben Stamm wie die letzte Stammform, das PPP.
- Das PFA wird dekliniert wie ein dreiendiges Adjektiv der a- / o-Deklination.

lauda-turus, lauda-tura, lauda-turum
loben wollend, im Begriff zu loben; einer, der loben wird / will / im Begriff ist zu loben

mittere, mitto, misi, <u>missum</u>
→ PFA: missurus, -a, -um
schicken wollend, im Begriff zu schicken

1.2 Zeitverhältnisse

- Das Partizip Präsens Aktiv (PPA) drückt aus, dass eine Handlung zur gleichen Zeit stattfindet (bzw. stattfand) wie die des übergeordneten Prädikates: Gleichzeitigkeit

Capite laborans medicum adeo.
Weil ich Kopfschmerzen habe, suche ich den Arzt auf.

Capite laborans medicum adii.
Weil ich Kopfschmerzen hatte, suchte ich den Arzt auf.

- Das Partizip Perfekt Passiv (PPP) drückt aus, dass eine Handlung zeitlich vor der des übergeordneten Prädikates stattfand: Vorzeitigkeit

A medico sanatus abeo.
Nachdem ich vom Arzt geheilt worden bin, gehe ich weg.

A medico sanatus abii.
Nachdem ich vom Arzt geheilt worden war, ging ich weg.

- Das Partizip Futur Aktiv (PFA) drückt aus, dass diese Handlung erst nach der des übergeordneten Prädikates stattfinden wird: Nachzeitigkeit

Venio medicum consulturus.
Ich komme, um den Arzt um Rat zu fragen (weil ich … fragen will).

Veni medicum consulturus.
Ich kam, um den Arzt um Rat zu fragen (weil ich … fragen wollte).

Besonderheit

- Das PPP von Deponentien bezeichnet oft die Gleichzeitigkeit:

ratus / ***arbitratus***	glaubend, in der Meinung, im Glauben
confisus	vertrauend (auf); im Vertrauen (auf)
veritus (ne)	fürchtend (dass); aus Furcht (dass)
usus m. Abl.	gebrauchend; mit Unterstützung von

ratus id subire non posse
In der Meinung, dies nicht auf sich nehmen zu können

1.3 Attributive Verwendung des Partizips

• Rein attributive Partizipien drücken wie Adjektive eine dauernde **Eigenschaft / Tätigkeit / einen Zustand** ihres Bezugswortes aus.	Urbibus ad mare iacentibus multa pericula imminent. *Am Meer gelegenen Städten drohen viele Gefahren.*
• Attributive Partizipien werden entweder **wörtlich** oder mit einem **Relativsatz** übersetzt.	viri optime de re publica meriti *Männer, die sich um den Staat sehr verdient gemacht haben*
Besonderheiten	
• Einige Partizipien sind zu echten Adjektiven geworden.	appetens gloriae *ruhmbegierig*
• Attributiv gebrauchte Partizipien werden auch zu selbstständigen Substantiven.	responsum *die Antwort*

1.4 Prädikative Verwendung des Partizips

Prädikativ gebrauchte Partizipien kommen v. a. bei folgenden Verben und in folgenden Wendungen vor:	
• **mit *esse*** zur Bezeichnung eines dauerhaften Zustands,	audientem esse *gehorsam sein*
• **mit *habere*** und ***tenere*** zur Verstärkung des Prädikatsinhalts oder Angabe eines dauerhaften Zustands,	rem cognitam habere *eine Sache deutlich erkannt haben, genau kennen*
• in Verbindung **mit Verben der Wahrnehmung** zur Bezeichnung der unmittelbaren Wahrnehmung.	Audio liberos cantantes. *Ich höre die Kinder singen. (Ich höre, wie* die Kinder singen.)*
• Zusammen **mit Formen von *esse*** bezeichnet das **Partizip Futur** eine unmittelbare Zukunft oder die Absicht der sprechenden / handelnden Person (sog. **Coniugatio periphrastica activa**).	abiturus est *er ist im Begriff wegzugehen, will weggehen* , wird weggehen laudaturus eram *ich wollte loben, hatte die Absicht zu loben*

* Im Unterschied zur AcI-Konstruktion wird hier der Vorgang mehr betont.

2 Participium coniunctum

Ein Partizip, das Attribut zu einem Nomen des Satzes ist, in dem es steht, nennt man Participium coniunctum (verbundenes Partizip).

- Das Partizip Präsens Aktiv (PPA) bezeichnet Gleichzeitigkeit.

  Philosophi ambulantes disputabant.
  Die Philosophen diskutierten beim Spazierengehen.

- Das Partizip Perfekt Passiv (PPP) bezeichnet Vorzeitigkeit.

  Reus damnatus flebat.
  Nach seiner Verurteilung weinte der Angeklagte.

- Das Partizip Futur Aktiv (PFA) bezeichnet Nachzeitigkeit.

  Venit propinquos visitaturus.
  Er kommt, um seine Verwandten zu besuchen.

Häufig umfasst ein Participium coniunctum neben dem Nomen und dem Partizip noch weitere Angaben.

Reus <u>iniuria</u> damnatus …
der <u>zu Unrecht</u> verurteilte Angeklagte

2.1 Übersetzungsmöglichkeiten: Satzbau

- Insbesondere bei längeren Partizipialausdrücken empfiehlt sich die Wiedergabe mit Relativsatz.

  Reus iniuria damnatus …
  der Angeklagte, der zu Unrecht verurteilt worden ist / war

- Oft ist das Participium coniunctum satzwertig und vertritt einen Adverbialsatz.
  Es kann auf folgende Arten übersetzt werden:

  Tarquinius regnans …

  1. durch einen mit einer Subjunktion eingeleiteten Nebensatz

     <u>Als</u> Tarquinius herrschte, …

  2. durch einen Präpositionalausdruck

     <u>Unter</u> der Herrschaft des Tarquinius …

  3. durch Beiordnung

     Tarquinius war König. <u>Damals</u> …

2.2 Übersetzungsmöglichkeiten: adverbiale Sinnrichtungen

Folgende **Sinnrichtungen** sind möglich:	Liberi venientes …
• **temporal**	
1. als, während[1], nachdem[2]	*Als die Kinder kamen, …*
2. bei[1], während[1], nach[2]	*Beim Kommen der Kinder …*
3. (und) dabei[1], währenddessen[1], (und) danach / dann / darauf[2]	*Die Kinder kamen. Dabei …*
• **kausal**	
1. weil, da	*Weil (Da) die Kinder kamen, …*
2. wegen, infolge	*Wegen des Kommens der Kinder …*
3. (und) deshalb	*Die Kinder kamen. Deshalb …*
• **konzessiv**	
1. obwohl, obgleich	*Obwohl die Kinder kamen …*
2. trotz	*Trotz des Kommens der Kinder …*
3. (und) trotzdem, (und) dennoch	*Die Kinder kamen. Trotzdem …*
• **modal**	
1. indem; dadurch, dass	*Dadurch, dass die Kinder kamen, …*
2. bei, durch	*Durch das Kommen der Kinder …*
3. (und) dabei, (und) dadurch; (und) so	*Die Kinder kamen. So …*
• **konditional**	
1. wenn, falls	*Wenn (falls) die Kinder kommen …*
2. im Falle[3]	*Im Falle des Kommens der Kinder …*
• **final**[4]	
1. damit, um … zu	Discipuli advolant magistrum consulturi. *Die Schüler eilen herbei, um den Lehrer um Rat zu fragen.*
2. zum Zweck (von)[3], um … willen	*Die Schüler eilen zu dem Zweck, den Lehrer um Rat zu fragen, (zur Befragung des Lehrers) herbei.*

1 nur bei Gleichzeitigkeit (PPA)
2 nur bei Vorzeitigkeit (PPP)
3 Diese Übersetzung wirkt im Deutschen meist etwas umständlich.
4 nur bei Nachzeitigkeit (PFA); die Verwendung ist nachklassisch.

3 Ablativus absolutus

- Der Ablativus absolutus ist mit keinem Nomen des Restsatzes verbunden, sondern steht sozusagen losgelöst (*absolutus*) vom übrigen Satz. Er bildet eine geschlossene Aussageeinheit mit satzwertigem Charakter.

- Der Ablativus absolutus besteht aus einem Nomen (meist Substantiv) im Ablativ und einem Partizip im Ablativ.

  Amico veniente gavisus sum.
  (Amico = Nomen im Abl.; veniente = Partizip im Abl.)

  Als / Weil der Freund kam, freute ich mich.

- Das Partizip Präsens Aktiv (PPA) bezeichnet die Gleichzeitigkeit.

  Magistra veniente discipuli tacebant.
  Als / Weil die Lehrerin kam, wurden die Schüler ruhig (schwiegen …).

- Das Partizip Perfekt Passiv (PPP) bezeichnet die Vorzeitigkeit.

  Poena sublata discipuli gaudebant.
  Nachdem / Weil die Strafe aufgehoben worden war, freuten sich die Schüler.

Ein Partizip Futur Aktiv (PFA) kommt äußerst selten vor.

3.1 Übersetzungsmöglichkeiten: Satzbau

- Der Ablativus absolutus wird auf folgende Arten wiedergegeben:

  Urbe deleta omnes ad naves concurrerunt.

  1. durch einen mit einer Subjunktion eingeleiteten Nebensatz

     Als / Nachdem die Stadt zerstört worden war, strömten alle bei den Schiffen zusammen.

  2. durch einen Präpositionalausdruck

     Nach Zerstörung der Stadt strömten alle bei den Schiffen zusammen.

  3. durch Beiordnung

     Die Stadt war zerstört worden. Daraufhin strömten alle bei den Schiffen zusammen.

3.2 Übersetzungsmöglichkeiten: adverbiale Sinnrichtungen

Folgende Sinnrichtungen sind möglich:	Urbe deleta …
• **temporal**	
1. als, während[1], nachdem[2]	*Als/Nachdem die Stadt zerstört worden war, …*
2. bei[1], während[1], nach[2]	*Nach Zerstörung der Stadt …*
3. (und) dabei[1], währenddessen[1], (und) danach/dann/darauf[2]	*Die Stadt war zerstört worden. Daraufhin …*
• **kausal**	
1. weil, da	*Weil die Stadt zerstört worden war, …*
2. wegen, infolge	*Wegen der Zerstörung der Stadt …*
3. (und) deshalb	*Die Stadt war zerstört worden. Deshalb …*
• **konzessiv**	
1. obwohl, obgleich	*Obwohl die Stadt zerstört worden war, …*
2. trotz	*Trotz der Zerstörung der Stadt …*
3. (und) trotzdem, (und) dennoch	*Die Stadt war zerstört worden. Trotzdem …*
• **modal**	
1. indem; dadurch, dass	*Dadurch dass die Stadt zerstört worden war, …*
2. bei, durch, unter	*Durch die Zerstörung der Stadt …*
3. (und) dabei, (und) dadurch; (und) so	*Die Stadt war zerstört worden und dadurch …*
• **konditional**[3]	Hostibus urbem expugnantibus …
1. wenn, falls	*Falls die Feinde die Stadt erobern, …*
2. im Falle[4]	*Im Falle der Eroberung der Stadt durch die Feinde …*

1 nur bei Gleichzeitigkeit (PPA)
2 nur bei Vorzeitigkeit (PPP)
3 Eine konditionale Sinnrichtung kommt nur selten vor.
4 Diese Übersetzung wirkt im Deutschen meist etwas umständlich.

3.3 Nominale Wendungen

- Zu *esse* gibt es kein Partizip Präsens. In Wendungen, in denen ein solches eigentlich nötig wäre, entfällt das Partizip. Der Ablativus absolutus besteht so **nur aus Substantiven / Adjektiven** bzw. **Pronomina**.

Cicerone consule
als Cicero Konsul war, unter dem Konsulat Ciceros

magistro ignaro
ohne Wissen des Lehrers

- Solche „nominalen Wendungen" sind in Relation zur Handlung des übrigen Satzes immer **gleichzeitig**.

Patre vivo saepe Romam visitavimus.
Zu Lebzeiten des Vaters haben wir Rom oft besucht.

- Man übersetzt die nominale Ablativus-absolutus-Wendung am besten durch einen **Präpositionalausdruck**.

me auctore
auf meine Veranlassung (hin)

natura duce
unter der Führung der Natur

magistris invitis
gegen den Willen der Lehrer

4 Gerund (Gerundium)

- Das Gerund ist ein **Verbalsubstantiv**, das einen **Zustand** oder einen **Vorgang** beschreibt.
- Das Gerund ersetzt die fehlenden Kasus des Infinitiv Präsens Aktiv und kann somit als **deklinierter Infinitiv** bezeichnet werden.

ars legendi
die Kunst des Lesens

4.1 Form

- Das Gerund wird gebildet aus **Verbalstamm + *nd* + Ausgang**.

  Es wird dekliniert wie ein Neutrum Singular der o-Deklination.

Nom.	(laudare)
Gen.	lauda-nd-i
Dat.	lauda-nd-o
Akk.	(laudare) ad lauda-nd-um
Abl.	(in) lauda-nd-o

4.2 Verwendung

- Im **Nominativ** und im **Akkusativ ohne Präposition** steht der (Subjekts- bzw. Objekts-) **Infinitiv**.

Errare humanum est.
Irren ist menschlich.

- Der Dativ kommt nur in seltenen, v. a. formelhaften Wendungen vor.

Beate vivendo studemus.
Wir bemühen uns um ein glückliches Leben.

- Der **Akkusativ** des Gerunds steht immer, der **Ablativ** häufig, der **Genitiv** gelegentlich mit einer **Präposition**.

ad beate vivendum
zum glücklichen Leben, um glücklich zu leben

in honeste vivendo
bei einem ehrenhaften Leben, während man ehrenhaft lebt

beate vivendi causa
um glücklich zu leben, um eines glücklichen Lebens willen

4.3 Erweiterungen

Das Gerund kann folgendermaßen erweitert sein:	
• durch Objekte	ars aves pingendi *die Kunst, Vögel zu malen*
• durch Adverbien	ars pulchre pingendi *die Kunst, schön zu malen*

4.4 Übersetzungsmöglichkeiten

Das Gerund kann im Deutschen folgendermaßen wiedergegeben werden:	
• durch den substantivierten Infinitiv	ars pingendi *die Kunst des Malens*
• durch den Infinitiv mit „zu"	occasio fugiendi *die Gelegenheit zu fliehen*
• durch ein Substantiv (oft ein Verbalsubstantiv auf -ung)	facultas rem perficiendi *die Möglichkeit der Durchführung / Verwirklichung der Sache*
• evtl. auch durch einen Gliedsatz (selten)	Diligenter studendo brevi multum efficies. *Wenn du dich sorgfältig bemühst, wirst du bald viel erreichen.*

5 Gerundiv

Das Gerundiv ist ein Verbaladjektiv mit passiver Bedeutung. Es kann Folgendes bezeichnen:

- einen sich vollziehenden Vorgang — in conservanda re publica / *beim Bewahren des Staates*
- eine Notwendigkeit — Vir laudandus est. / *Der Mann muss gelobt werden.*
- den Zweck einer Handlung — Tibi librum legendum do. / *Ich gebe dir dieses Buch zum Lesen.*

5.1 Form

- Das Gerundiv wird gebildet aus Verbalstamm + *nd* + *-us, -a, -um*. — laudandus, -a, -um
- Es wird wie ein Adjektiv auf *-us, -a, -um* dekliniert und richtet sich in Kasus, Genus und Numerus nach dem zugehörigen Nomen. — pons aedificandus, puella laudanda, scelus puniendum

5.2 Verwendung und Übersetzungsmöglichkeiten

5.2.1 Bezeichnung eines sich vollziehenden Vorgangs

Bei attributiver Verwendung bezeichnet das Gerundiv einen sich vollziehenden Vorgang und ist damit gleichbedeutend mit dem Gerund.

Gerundiv:
consilium Italiae relinquendae
der Plan, Italien zu verlassen

= Gerund:
consilium Italiam relinquendi

Das attributiv verwendete Gerundiv kann (wie das Gerund) folgendermaßen wiedergegeben werden:

1. durch den substantivierten Infinitiv — criminibus inferendis / *durch das Vorbringen von Beschuldigungen*

2. durch den **Infinitiv mit „zu"** — ad ludos spectandos
um die Spiele zu sehen

3. durch ein **Substantiv** (oft ein Verbalsubstantiv auf -ung) — rei gerendae diem dicere
einen Termin für die Ausführung einer Handlung bestimmen

- In attributiver Verwendung kommt das Gerundiv häufig im **Genitiv** und im **Ablativ** sowie in Verbindung **mit Präpositionen** vor.

oraculi consulendi causa
um das Orakel zu befragen

in capiendis consiliis
beim Fassen von Plänen

de pace facienda
über den Friedensschluss

- Die attributive Verwendung des Gerundivums ist **nur bei transitiven Verben** möglich.

- Die Deponentien ***uti, frui, fungi, vesci*** und ***potiri****, die mit Ablativ stehen, werden bei Gerundivkonstruktionen wie transitive Verben behandelt. Sie bilden daher auch alle Formen des Gerundivs.

occasio victori<u>ae</u> utend<u>ae</u>
die Gelegenheit, den Sieg zu nutzen

5.2.2 Bezeichnung einer Notwendigkeit

- In Verbindung mit ***esse*** bezeichnet das Gerundiv eine **Notwendigkeit.** Es wird dabei gebraucht wie ein **Prädikatsnomen.**
- Das Gerundiv in der Verbindung mit ***esse*** wird übersetzt mit

1. **„(getan werden) müssen"** — Epistula scribenda est.
Der Brief <u>muss</u> geschrieben werden.

2. in verneinten Sätzen: **„nicht (getan werden) dürfen"**. — Iniuria ferenda non est.
Unrecht <u>darf nicht</u> geduldet werden.

* *potiri* steht (selten) auch mit Genitiv.

- Die Person, von der etwas getan werden muss bzw. nicht getan werden darf, steht im Dativus auctoris und kann mit „von" wiedergegeben werden. Schöner ist die Umformung ins Aktiv.

Epistula tibi scribenda est.
Von dir muss ein Brief geschrieben werden.
Schöner: *Du musst einen Brief schreiben.*

- Bei unpersönlichem Gebrauch des Gerundivs übersetzt man am besten mit „Es muss / darf nicht (getan werden)" oder „Man muss / darf nicht (tun)".

Scribendum est.
Es muss geschrieben werden; man muss schreiben.

- Besonders in AcI / NcI-Konstruktionen entfällt *esse* häufig.

Haec res mihi laudanda videtur.
Diese Sache muss, wie mir scheint, gelobt werden.

Besonderheiten

- In einigen Wendungen wird das Gerundiv in der Bedeutung „müssen" attributiv gebraucht: Es erhält hier oft adjektivischen Charakter und kann auch so ins Deutsche übersetzt werden.

fortitudo admiranda
Tapferkeit, die bewundert werden muss; bewundernswerte Tapferkeit

iniuria non toleranda
Unrecht, das nicht ertragen werden kann; unerträgliches Unrecht

- Intransitive Verben bilden in Zusammenhang mit *esse* nur die unpersönliche Form der 3. Person Singular (es …, man …).

parcere → parcendum (est)

- Häufig ist der unpersönliche Gebrauch des Gerundivs bei Verben, die absolut (d. h. ohne Objekt) gebraucht werden (können), und bei intransitiven Verben. Diese behalten, wenn sie nicht absolut gebraucht werden, den Kasus, den sie generell bei sich haben.

Iniuriarum obliviscendum est.
Man muss Ungerechtigkeiten vergessen (können).

5.2.3 Bezeichnung eines Zweckes

- In Verbindung mit Verben des **Gebens, Schickens, Überlassens** und **Nehmens** (wie etwa *dare, praebere, mittere, tradere, sumere*) bezeichnet das Gerundiv den **Zweck** einer Handlung (final). Es wird dabei **prädikativ** gebraucht.

Liberi Romani magistro educandi traditi sunt.
Die römischen Kinder wurden einem Lehrer zur Erziehung übergeben.

- Ins Deutsche übersetzt man das final verwendete Gerundiv folgendermaßen:

1. mit einem Präpositionalgefüge, beginnend mit „**zu**“

Hunc librum discipulis legendum do.
Dieses Buch gebe ich meinen Schülern zum Lesen.

2. (gelegentlich) mit einem **Finalsatz**

Dieses Buch gebe ich meinen Schülern, damit sie es lesen.

3. mit einem **Infinitiv** (bei *curare*). *Curare* hat in Verbindung mit einem Gerundiv die Bedeutung „veranlassen, lassen“.

Caesar pontem reficiendum curavit.
Cäsar ließ die Brücke wiederherstellen.

6 Supin

Einige Verben bilden Substantive der u-Deklination, wie *intellegere* (einsehen, verstehen): *intellectus, -us* (Einsicht, Verstand).
Einige solcher Verbalsubstantive kommen nur im Ausgang *-um* (Akkusativ der Richtung) bzw. *-u* (möglicherweise eine alte Form des Dativus finalis) vor, die Supina.

6.1 Supin auf -um

- Das Supin auf *-um* gibt bei Verben des Gehens und Schickens das Ziel dieser Handlung an. Damit ersetzt es einen Finalsatz.
- Ins Deutsche wird es mithilfe der Präposition „zu" oder der Konjunktion „um zu" übersetzt.

cubitum ire
schlafen gehen

nuptum dare
zur Frau geben

salutatum venire
zur Begrüßung kommen

aliquem auxilium rogatum mittere
jemanden schicken, um Hilfe zu erbitten

6.2 Supin auf -u

- Das Supin auf *-u* steht nach einigen Adjektiven, häufig auf *-ilis* oder *-bilis*, oder in festen Wendungen.
- Im Deutschen wird es mit dem Infinitiv mit „zu" wiedergegeben.

facile intellectu
leicht einzusehen

incredibile dictu est
es klingt unglaublich (es ist unglaublich zu sagen)

optimum factu putare
für das Beste (zu tun) halten

7 Der bloße Infinitiv

7.1 Formen

	Aktiv		Passiv	
Präsens	lauda-re	*(zu) loben*	lauda-ri	*gelobt (zu) werden*
Perfekt	laudav-isse	*gelobt (zu) haben*	lauda-tum, -am, -um esse	*gelobt worden (zu) sein*
Futur	lauda-turum, -am, -um esse	*loben (zu) werden*	lauda-tum iri	*in Zukunft gelobt (zu) werden*

7.2 Verwendung

7.2.1 Der Infinitiv als Subjekt

- Der sog. **Subjektsinfinitiv** nimmt im Satz die Stelle eines Subjekts ein. Er gilt als **Neutrum**.
- Er steht nach **unpersönlichen Ausdrücken** wie:

Errare humanum est.
Irren ist menschlich.

decet	es schickt sich, gehört sich	
licet	es ist erlaubt/möglich	Omnia videre licet. *Es ist möglich, alles zu sehen.*
praestat	es ist besser	
oportet	es gehört sich, man muss	Pauperes adiuvare oportet. *Man muss den Armen helfen.*
iuvat	es erfreut, macht Freude	Iuvat urbes praeclaras et monumenta antiqua videre. *Es macht Freude, herrliche Städte und alte Denkmäler zu sehen.*
placet	es gefällt, man beschließt	senatui placuit *der Senat beschloss*

interest / *refert*	es ist von Interesse, ist wichtig	Mei maxime interest litteris studere. *Es ist mir sehr wichtig, mich mit den Wissenschaften zu beschäftigen*
necesse est	es ist nötig	

7.2.2 Der Infinitiv als Objekt

• Der sog. **Objektsinfinitiv** nimmt die Stelle eines **Akkusativobjektes** ein.		Cantare scio. *Ich kann singen (wörtl.: beherrsche das Singen).*
• Er steht v. a. bei **Verben des Könnens, Wollens und Sollens** wie:		
posse	können	Hoc non fieri potest. *Das kann nicht geschehen.*
(ne)scire	(nicht) verstehen, wissen	
debere	müssen	
velle	wollen	Tecum colloqui volo. *Ich will mich mit dir unterhalten.*
nolle	nicht wollen	
malle	lieber wollen	
cupere	begehren, wünschen	
studere	sich bemühen	
cunctari	zögern	
conari	versuchen	
constituere / *decernere*	beschließen	Romam proficisci constitui. *Ich beschloss, nach Rom aufzubrechen.*

8 AcI

Aussagen und Wahrnehmungen werden im Lateinischen meist durch den AcI wiedergegeben, den *accusativus cum infinitivo* **(Akkusativ mit Infinitiv)**.

8.1 Form

- Der AcI enthält stets eine **Aussage**. Diese hat mindestens ein Subjekt und ein Prädikat, ist also satzwertig.
- Der AcI hängt stets von einem übergeordneten Verb ab. Das **Subjekt** des AcI erscheint im **Akkusativ**, das **Prädikat** im **Infinitiv**.

Discipuli putant: „Magister iustus est."
Die Schüler glauben: „Der Lehrer ist gerecht."

AcI
Discipuli magistrum iustum esse putant.
Die Schüler glauben, dass der Lehrer gerecht sei.

8.2 Zeitverhältnisse

Grundsätzlich können im AcI alle Infinitive vorkommen.

- Der **Infinitiv Präsens** gibt die **Gleichzeitigkeit** der AcI-Handlung zum Hauptverb an.
- Der **Infinitiv Perfekt** gibt die **Vorzeitigkeit** der AcI-Handlung zum Hauptverb an.
- Der **Infinitiv Futur** gibt die **Nachzeitigkeit** der AcI-Handlung zum Hauptverb an.

Servus nuntiat …
Der Sklave meldet, …

… convivas appropinquare.
… dass die Gäste sich nähern.

… convivas iam domo exisse.
… dass die Gäste schon aus dem Haus gegangen seien.

… convivas brevi adventuros esse.
… dass die Gäste bald eintreffen werden.

8.3 Pronomina

• **Personalpronomina** müssen im AcI grundsätzlich erscheinen.	Bene laboras. *Du arbeitest gut.* **AcI:** Constat te bene laborare. *Es steht fest, dass du gut arbeitest.*
• **Personal-** und **Possessivpronomina der 3. Person**, die sich auf das **Subjekt zum einleitenden Verb** beziehen, werden **reflexiv**.	Marcus narrat se sero advenisse. *Markus erzählt, er sei spät angekommen.*
• Bezieht sich das Pronomen auf eine **dritte Person**, so steht das **Demonstrativpronomen**.	Pater queritur eum sero advenisse. *Der Vater beklagt, dass er (Markus!) spät angekommen sei.*

8.4 Übersetzungsmöglichkeiten

Es gibt folgende Möglichkeiten, den AcI ins Deutsche zu übersetzen:	Magister putat quosdam discipulos parum laboravisse.
• **Gliedsatz mit „dass“**	*Der Lehrer glaubt, dass manche Schüler zu wenig gearbeitet haben.*
• **Gliedsatz mit „dass“ im Konjunktiv**	*Der Lehrer glaubt, dass manche Schüler zu wenig gearbeitet hätten.*
• Gliedsatz ohne „dass“ im **Konjunktiv**	*Der Lehrer glaubt, manche Schüler hätten zu wenig gearbeitet.*
• **Parenthese** (Einschub)	*Manche Schüler haben, wie der Lehrer glaubt, zu wenig gearbeitet.*
• **Präpositionalausdruck**	*Nach Meinung des Lehrers haben manche Schüler zu wenig gearbeitet.*
• (gelegentlich) **Infinitiv**	Video te domo exire. *Ich sehe dich aus dem Haus gehen.*
• (gelegentlich) **Adverb**	Spero te brevi rediturum esse. *Hoffentlich wirst du bald zurückkommen.*
Beachte: Nachzeitigkeit muss nicht immer wiedergegeben werden.	Spero te brevi rediturum esse. *Ich hoffe, du kommst bald zurück.*

8.5 Verben, auf die der AcI folgt

- Der AcI steht nach **Verba dicendi** wie:

dicere	sagen	
negare	verneinen, leugnen	Negavit se hoc fecisse. *Er leugnete, dies getan zu haben.*
tradere	überliefern	Tradunt veteres Homerum caecum fuisse. *Die Alten überliefern, Homer sei blind gewesen.*
polliceri	versprechen	
contendere	behaupten	
nuntiare	melden	
certiorem facere	benachrichtigen	Caesar certior factus est hostes castra movisse. *Cäsar wurde benachrichtigt, dass die Feinde das Lager verlegt hätten.*
persuadere	überzeugen	
auctorem esse	sich verbürgen	

- Der AcI folgt auf **Verba sentiendi** (Verben der Wahrnehmung):

audire *accipere*	hören, vernehmen	
animadvertere	wahrnehmen	Exploratores hostes appropinquare animadverterunt. *Die Späher bemerkten, dass die Feinde nahten.*
videre	sehen	
intellegere	einsehen	
cognoscere	erkennen	
sentire	fühlen, meinen	Te valde laborare sentio. *Ich fühle, dass du sehr leidest.*
comperire	erfahren	
scire	wissen	
sperare	hoffen	
putare *credere* *arbitrari* *existimare* *opinari*	glauben, meinen	Puto hos labores difficiliores esse. *Ich glaube, dass diese Arbeiten recht schwierig sind.*

- Der AcI steht bei Verba affectus (Verben der Gefühlsäußerung):

laetari, gaudere	sich freuen	Te brevi venturum esse gaudeo. *Ich freue mich darüber, dass du bald kommst (kommen wirst).*
mirari	sich wundern	
dolere	Schmerz empfinden	Avum mortem obisse doleo. *Ich empfinde Schmerz darüber, dass der Großvater gestorben ist.*
lugere	trauern	
queri	klagen	
indignari	sich empören	

- Der AcI steht auch nach unpersönlichen Verben:

constat	es steht fest, es ist bekannt	Constat Romanos ad lacum Trasimenum victos esse. *Es ist bekannt, dass die Römer am Trasimener See geschlagen worden sind.*
oportet	es gehört sich	
necesse est	es ist nötig	
verisimile est	es ist wahrscheinlich	
fugit *fallit* *praeterit*	es entgeht, es bleibt verborgen	Magistrum non praeteriit quosdam discipulos officia neglexisse. *Es entging dem Lehrer nicht, dass manche Schüler ihre Pflichten vernachlässigt hatten.*
apparet	es ist klar	

8.6 Besonderheiten

- Der Infinitiv *esse* entfällt im AcI häufig.

  Spero te brevi rediturum.
  Ich hoffe, dass du bald zurückkehrst.

- In einem Satz mit AcI kann die Verwendung der Akkusative mehrdeutig sein, wenn ein Akkusativobjekt vorhanden ist. Hier entscheidet der Zusammenhang.

  Magister narrat Caesarem Gallos superavisse.
  Der Lehrer erzählt, Cäsar habe die Gallier besiegt (rein grammatikalisch wäre auch richtig: …, die Gallier hätten Cäsar besiegt).

9 NcI

Der NcI (Nominativ mit Infinitiv) ist eine dem AcI verwandte Konstruktion.

9.1 Konstruktion

Der NcI tritt (lediglich) nach einigen Verba dicendi und sentiendi auf, wenn das einleitende Verb im Passiv steht. Aus dem Akkusativ des AcI wird hier dann ein Nominativ.	**AcI:** Multi magistrum iustum esse putant. *Viele glauben, dass der Lehrer gerecht sei.* **NcI:** Magister iustus esse putatur. *Man glaubt, dass der Lehrer gerecht sei.*

9.2 Übersetzungsmöglichkeiten

Es gibt folgende Möglichkeiten, den NcI ins Deutsche zu übersetzen:	Magister iustus (esse) putatur.
• Passiv	*Es wird geglaubt, dass der Lehrer gerecht ist.*
• unpersönlicher Ausdruck mit „man"	*Man glaubt, dass der Lehrer gerecht ist.*
• Präpositionalausdruck	*Nach allgemeiner Meinung ist der Lehrer gerecht.*
• Parenthese (Einschub)	*Der Lehrer ist – wie man glaubt – gerecht.*
• Adverbien	Magister iustus (esse) videtur. *Der Lehrer ist anscheinend gerecht.*
• Bei einigen Verben ist eine freiere Übersetzung möglich.	Magister iustus (esse) videtur. *Der Lehrer scheint gerecht zu sein.* Magister iustus (esse) dicitur. *Der Lehrer soll gerecht sein.*

9.3 Verben, auf die der NcI folgt

- Der NcI steht v.a. beim Passiv folgender Verba dicendi und sentiendi:

*dicor**	man sagt, dass ich …; ich soll …; angeblich …	Homerus caecus fuisse dicitur. *Homer soll blind gewesen sein.*
videor	ich scheine; anscheinend …	
putor *existimor*	man glaubt von mir, dass ich …; man hält mich für …; ich gelte als …	
traditur *fertur*	es wird überliefert, dass …; der Überlieferung nach; angeblich	Homerus caecus fuisse traditur. *Es wird überliefert, dass Homer blind gewesen ist. (Der Überlieferung nach war Homer blind.)*

- Der NcI steht zudem beim Passiv von Verben der Willensäußerung:

sinor	man gestattet mir; mir wird erlaubt; ich darf	Liberi aedem intrare sinuntur. *Man gestattet den Kindern, den Tempel zu betreten.*
prohibeor *vetor*	man verbietet mir; mir wird verboten; ich darf nicht	Liberi aedem intrare prohibentur. *Man verbietet den Kindern, den Tempel zu betreten.*
iubeor	man befiehlt mir; ich muss, soll	
cogor	man zwingt mich; ich muss	Ex urbe exire cogor. *Man zwingt mich, die Stadt zu verlassen. (Ich muss die Stadt verlassen.)*

* Auch alle anderen Personen sind jeweils möglich, z. B. *diceris:* man sagt, dass du …, du sollst …

Hauptsätze

1 Der Modusgebrauch in Hauptsätzen

Das Lateinische kennt neben dem Imperativ (Modus des Befehls) als die beiden hauptsächlichen Modi (d. h. Aussageweisen):
- Indikativ (Modus der Wirklichkeit)
- Konjunktiv (Modus der „Vorstellung", d. h. eines als möglich, gewollt oder unwirklich dargestellten Vorgangs)

1.1 Der Indikativ

Durch den Indikativ wird ein Ereignis oder ein Sachverhalt als **wirklich** dargestellt (**Realis**).

Die Verwendung des Realis stimmt im Lateinischen und im Deutschen weitgehend überein. Abweichend vom Deutschen steht im Lateinischen der Indikativ:

- bei Ausdrücken, die ein zwar nicht wirklich eintretendes Geschehnis (daher im Deutschen Konjunktiv), aber dessen **durchaus mögliches** oder (eigentlich) **notwendiges Eintreten** enthalten

  facere possum (poteram / potui)
  ich könnte tun (hätte tun können)

  oportet (oportuit)
  man müsste (hätte … müssen)

  praestat – meum est (erat)
  es wäre besser – es wäre meine Aufgabe (gewesen)

- bei Wendungen, die ausdrücken, dass etwas **beinahe passiert** wäre

  paene / prope cecidi
  beinahe wäre ich gefallen

- bei Wendungen, die das **Unvermutete** eines tatsächlichen Geschehnisses zum Ausdruck bringen

  numquam putavi
  ich hätte niemals geglaubt

  non sperabam
  ich hätte nicht erwartet

- bei **rhetorischen Fragen**, die eigentlich eine Aussage enthalten.

  quis ignorat?
  Wer wüsste nicht?

1.2 Der Konjunktiv

1.2.1 Der Optativ

- Als Optativ bezeichnet der Konjunktiv den Modus des Wunsches.
- Erfüllbare oder als erfüllbar gedachte Wünsche werden folgendermaßen ausgedrückt:

Gegenwart	Konj. Präsens
Vergangenheit	Konj. Perfekt

Sis felix!
Mögest du glücklich sein!

(Utinam) salvus in patriam redierit!
Hoffentlich ist er wohlbehalten in die Heimat zurückgekehrt!

Sie können verstärkt sein durch:

utinam dass doch, hoffentlich, doch

velim ich möchte, doch

Velim Romae maneas!
Ich möchte, dass du in Rom bleibst!

- Unerfüllbare oder als unerfüllbar gedachte Wünsche werden folgendermaßen ausgedrückt:

Gegenwart	Konj. Imperfekt
Vergangenheit	Konj. Plusquamperfekt

Utinam / Vellem maneres!
Bliebest du doch! Ich wünschte, du bliebest!

Vellem domi mansisses!
Wärest du doch zuhause geblieben! Ich wünschte, du wärest zuhause geblieben!

Sie sind stets eingeleitet durch:

utinam (dass) doch

vellem ich wünschte

- Verneint werden Wunschsätze generell mit ***ne*** (bzw. ***utinam ne***/ ***nolim*** bzw. ***nollem***).

Ne me deserat!
Er (sie) möge mich nicht im Stich lassen!

Nollem id dixisses!
Hättest du das doch nicht gesagt! Ich wünschte, du hättest das nicht gesagt!

1.2.2 Der Konzessiv

- Der **Konzessiv** (lat. *concedere*, einräumen) hat sich aus dem Optativ entwickelt: Etwas wird zwar nicht gewünscht, wohl aber **eingeräumt**.

Gegenwart	Konj. Präsens
Vergangenheit	Konj. Perfekt

neget (sane)
mag er (immerhin / ruhig) leugnen

negaverit (sane)
mag er (immerhin / ruhig) geleugnet haben

Er kann verstärkt sein durch:

sane	immerhin, ruhig, meinetwegen

1.2.3 Der Potentialis

- Der Potentialis bezeichnet den Konjunktiv als **Modus der Vorstellung**: Er wird verwendet, wenn die Gültigkeit einer Aussage als nur **möglich** oder gedacht dargestellt werden soll. Er drückt also eine **gemilderte Behauptung** aus.

Gegenwart	Konj. Präsens Konj Perfekt (!)
Vergangenheit	Konj. Imperfekt

dicat / dixerit aliquis
es könnte / dürfte / mag jmd. sagen

videres / cerneres
man hätte sehen können

- Die Verneinung ist ***non***.
- Der **Potentialis der Gegenwart** wird im Deutschen durch **„könnte"**, **„dürfte"** bzw. die Einfügung der Adverbien **„wohl"**, **„vielleicht"** wiedergegeben.

crediderim
ich könnte / möchte glauben

credas / putes
man könnte glauben, glaubt wohl

- Der **Potentialis der Vergangenheit** kommt nur in wenigen Wendungen vor. Er wird übersetzt mit **„hätte wohl …"**, **„hätte … können"**.

vix quisquam crederet
kaum jmd. hätte wohl geglaubt

1.2.4 Der Irrealis

- Der Irrealis wird verwendet, wenn ein Sachverhalt als **nicht wirklich** dargestellt wird.

Sine amicis vita tristis esset.
Ohne Freunde wäre das Leben traurig.

- Der Irrealis wird folgendermaßen ausgedrückt:

Gegenwart	Konj. Imperfekt
Vergangenheit	Konj. Plusquamperfekt

venirem
ich käme, würde kommen

venissem
ich wäre gekommen

- Die Verneinung ist ***non***.
- Der Irrealis kommt häufig in **Konditionalsätzen** vor.

Si tacuisses, philosophus mansisses.
Wenn du geschwiegen hättest, wärest du ein Philosoph geblieben.

- Ins Deutsche wird der Irrealis wörtlich übersetzt, d. h. mit Konjunktiv Imperfekt bzw. Plusquamperfekt wiedergegeben.

1.2.5 Hortativ, Iussiv, Prohibitiv

Der Konjunktiv kann auch als **Modus der Aufforderung** verwendet sein.

- Im **Hortativ** (von lat. *hortari*) werden Personen, zu denen der Sprecher gehört, zu einer **gemeinsamen Handlung** aufgefordert:

  Er steht in der **1. Pers. Pl.** des **Konjunktiv Präsens.**

  Übersetzt wird er mit **„Lasst uns …“, „Wollen wir …“.**

Eamus!
Lasst uns gehen! Wollen wir gehen!

- Der Iussiv (von lat. *iubere*) drückt einen Befehl an eine 3. Person aus:

  Er steht in der 3. Pers. Sg. oder Pl. des Konjunktiv Präsens.

  Übersetzt wird er mit „sollen".

veniat!
Er, sie (es) soll kommen!

veniant!
Sie sollen kommen!

- Der Prohibitiv (von lat. *prohibere*) drückt ein Verbot aus, das sich an eine oder mehrere angeredete Person(en) richtet.

  Er steht in der 2. Pers. Sg. oder Pl. des Konjunktiv Perfekt (!) und ist stets mit der Verneinung ***ne*** verbunden.

  Im Deutschen wird er wie ein verneinter Imperativ wiedergegeben.

Ne alios laeseris!
Verletze andere nicht!

Ne alios laeseritis!
Verletzt andere nicht!

1.2.6 Der Deliberativ

- Als Deliberativ beinhaltet der Konjunktiv eine (fragende) Überlegung der sprechenden Person (im Hauptsatz).

Gegenwart	Konj. Präsens
Vergangenheit	Konj. Imperfekt

Quid faciam?
Was soll ich tun?

Quid facerem?
Was hätte ich tun sollen?

- Der Deliberativ wird im Deutschen mit „sollen" wiedergegeben.

- Häufig finden sich auch Wahlfragen. „Oder" wird hier mit ***an*** wiedergegeben.

Abeamne an maneam?
Soll ich weggehen oder bleiben?

2 Fragesätze

Es gibt direkte und indirekte Fragen. Die **indirekten Fragen** gehören zu den Nebensätzen (vgl. S. 142). Von den **direkten Fragen** gibt es drei Arten:

- Wortfragen
- Satzfragen
- Doppelfragen

Der Modus der direkten Fragen ist der **Indikativ**. Nur Überlegungsfragen stehen im Konjunktiv (Deliberativ; siehe S. 131).
Von den wirklichen Fragen sind die so genannten **rhetorischen Fragen** zu unterscheiden.

2.1 Wortfragen

• Wortfragen fragen nach einer **konkreten Einzelheit**. • Sie beginnen mit einem **Fragewort** (im Deutschen: „W-Fragen").	<u>Quando</u> domum redisti? *Wann bist du nach Hause zurückgekehrt?*

2.2 Satzfragen

• Satzfragen fragen danach, ob der **Inhalt des gesamten Satzes** zutrifft. Es sind lediglich die Antworten **„ja"** oder **„nein"** möglich.	Fuistine iam Romae? *Warst du schon einmal in Rom?*
• Satzfragen werden eingeleitet durch:	
1. an das erste Wort angehängtes ***-ne*** (unübersetzt) bei Fragen, deren Antwort noch nicht klar ist	Vis<u>ne</u> nobiscum ambulare? *Willst du mit uns spazieren gehen?*
2. ***nonne*** (etwa nicht; doch wohl) bei Erwartung der Antwort „ja"	<u>Nonne</u> promisisti te mox venturum esse? *Hast du nicht versprochen, bald zu kommen?*
3. ***num*** (etwa) bei Erwartung der Antwort „nein"	<u>Num</u> me deserere vis? *Willst du mich etwa im Stich lassen?*

2.3 Doppelfragen

Doppelfragen stellen zwei Möglichkeiten zur Wahl:

- Die erste Möglichkeit wird eingeleitet durch:
  1. *utrum*
     Utrum venies an Romae manebis?
     Wirst du kommen oder in Rom bleiben?
  2. ans erste Wort angehängtes *-ne*
     Veniesne an Romae manebis?
  3. (seltener) kein Fragepronomen
     Venies an Romae manebis?
- Die zweite Möglichkeit wird eingeleitet durch *an* („oder").

Besonderheit

Gelegentlich findet sich nur der zweite Teil einer Frage; *an* wird dann mit „etwa" übersetzt.

An mihi irasceris?
Zürnst du mir etwa?

2.4 Rhetorische Fragen

Rhetorische Fragen sind Fragen, bei denen die Antwort ohnehin klar ist und die eigentlich Aussagen sind.

Quis te magis amat quam parentes?
Wer liebt dich mehr als deine Eltern?
(Eigentliche Aussage: *Keiner liebt dich mehr als deine Eltern!*)

Besonderheit

In der oratio obliqua werden rhetorische Fragen wie Hauptsätze behandelt (S. 163).

Nebensätze

- Ein **Nebensatz** ist ein unselbstständiger Satz, d. h. er ist einem anderen Satz **untergeordnet**.
- Ein Nebensatz beginnt mit einer **Subjunktion** (unterordnenden Konjunktion*) oder einem **Relativ- oder Fragepronomen**.
- Man spricht bei einer Verbindung von Haupt- und Nebensatz bzw. -sätzen von einem **Satzgefüge**.

Scholam non frequentare possum, quia aeger sum.
Ich kann die Schule nicht besuchen, weil ich krank bin.

* Für den Begriff „Konjunktion" im Sinne einer unterordnenden Konjunktion wird mittlerweile häufiger der Begriff „Subjunktion" verwendet.

Je nachdem, welche Funktion ein Nebensatz in einem Satzgefüge hat, unterscheidet man nach
- Subjektsätzen
- Objektsätzen
- Adverbialsätzen
- Attributsätzen (meist Relativsätze).

1 Die Zeitenfolge in abhängigen Sätzen

Das Tempus des Nebensatzes wird durch sein Zeitverhältnis zum Hauptsatz bestimmt.
Man nennt dieses Zeitverhältnis **Consecutio temporum**.
Das Zeitverhältnis kann (vom Nebensatz her betrachtet)
- **gleichzeitig**,
- **vorzeitig** oder
- **nachzeitig** sein.

1.1 Consecutio temporum bei indikativischen Nebensätzen

- Bei Gleichzeitigkeit ist das Tempus von HS und NS gleich.

Si vales, gaudeo.
Ich freue mich, wenn du gesund bist / es dir gut geht.

- Bei Vorzeitigkeit gelten folgende Regeln:

HS	NS	Beispiel
Präsens	Perfekt	Adulescentes non volunt (*Präs.*), quod pueri voluerunt (*Perf.*). *Junge Leute wollen nicht mehr, was sie als Kinder wollten.*
Imperfekt, Perfekt, Plusquamperfekt	Plusquamperfekt	Heri amicum visitavi (*Perf.*), qui diu a patria afuerat (*Plusquamperf.*). *Gestern besuchte ich einen Freund, der der Heimat lange fern gewesen war.*
Futur, Imperativ	Futur II	Cum amicos convenero (*Futur II*), multa narrabo (*Futur I*). *(Immer) wenn ich meine Freunde getroffen habe (treffe), werde ich viel zu erzählen haben.*

- Die Nachzeitigkeit findet sich nur sehr selten.

1.2 Consecutio temporum bei konjunktivischen Nebensätzen

Bei konjunktivischen Nebensätzen ist nicht nur auf das Zeitverhältnis zu achten, sondern auch darauf, ob der Hauptsatz in einem sog. Haupt- oder Nebentempus steht:

Haupttempus	Präsens, präsentisches Perfekt, Futur I oder II	Rogatis, quando venerimus. *Ihr fragt, wann wir gekommen seien.*
Nebentempus	alle Vergangenheitszeiten; historischer Infinitiv (meist)	Rogabatis, quando venissemus. *Ihr fragtet, wann wir gekommen seien.*

- Dabei gelten folgende Regeln:

Gleichzeitigkeit

HS	NS
Haupttempus	Konj. Präsens
Nebentempus	Konj. Imperfekt

Parentes rogant, quem amici visitent (*Konj. Präs.*).
Die Eltern fragen, wen die Freunde besuchten.

Vorzeitigkeit

HS	NS
Haupttempus	Konj. Perfekt
Nebentempus	Konj. Plusquamperfekt

Parentes rogaverunt, quando amici profecti essent (*Konj. Plusquamperf.*).
Die Eltern fragten, wann die Freunde abgereist seien.

Die **Nachzeitigkeit** wird meist durch die **Gleichzeitigkeit** ersetzt, da es im Lateinischen keinen Konjunktiv im Futur gibt. Ausgedrückt wird sie nur in indirekten Fragesätzen und verneinten Ausdrücken des Zweifelns.

Providendum est, ne liberis quid mali accidat (*Konj. Präs.*).
Man muss dafür sorgen, dass den Kindern nichts Schlimmes geschieht.

Besonderheiten

- Das **historische Präsens** kann als Haupt- oder Nebentempus eingestuft werden.
- Für **Nebensätze zweiten Grades** ist das Tempus des unmittelbar übergeordneten Satzes maßgeblich.
- Bei **Abhängigkeit von infinitiven Verbformen** gilt: Bei PPA und PFA, Gerund und Supin orientiert sich die Zeitenfolge am nächst übergeordneten finiten Verbum. Der Infinitiv und meist auch das PPP bedingen die Zeitenfolge eines Nebentempus.
- Die Consecutio temporum wird nicht beachtet, wenn die Aussage des Nebensatzes sich in die **Gegenwart des Sprechers** erstreckt oder **zeitlose Gültigkeit** hat (sog. **absolutes Tempus**).

2 Der Modusgebrauch in abhängigen Sätzen

Nebensätze stehen im Konjunktiv,

• wenn sie von einer Subjunktion eingeleitet werden, nach der der Konjunktiv folgt	Te rogo, ut mihi scribas. *Ich bitte dich, dass du mir schreibst / mir zu schreiben.*
• wenn es sich um einen indirekten Fragesatz handelt (vgl. S. 142)	Narra mihi, quid heri egeris. *Erzähl mir, was du gestern getan hast.*
• wenn auch im Hauptsatz der Konjunktiv stünde (bei Potentialis, Irrealis, u. Ä.) (vgl. S. 128 ff.)	Si venisses, gavisus essem. *Wenn du gekommen wärst, hätte ich mich gefreut.*
• bei adverbialer Sinnrichtung von Relativsätzen (vgl. S. 155 f.)	Caesar legatos misit, qui pacem peterent. *Caesar schickte Gesandte, die um Frieden bitten sollten.*
• bei innerer Abhängigkeit, d. h. wenn der Nebensatz die Worte oder die Meinung des übergeordneten Subjekts enthält.	Magister discipulos reprehendit, quod nimis ignavi essent. *Der Lehrer tadelte die Schüler, weil sie (seiner Meinung nach!) allzu untätig seien.*
• bei Modusangleichung, d. h. wenn der übergeordnete Satz ebenfalls im Konjunktiv steht. Der Konjunktiv muss dabei im Deutschen nicht nachgebildet werden.	Quis eum diligat, qui omnes oderit? *Wer wird wohl den lieben, der (selbst) alle hasst?*

3 Subjekt- und Objektsätze

- Subjektsätze stehen an der Stelle eines **Subjekts**.

In te positum est, ut liberemur.
Es liegt an dir, dass wir befreit werden. (= Unsere Befreiung liegt in deiner Hand.)

- Objektsätze stehen an der Stelle eines **Objekts**.

Mihi narrat, quid observaverit.
Er erzählt mir, was er beobachtet hat. (= Er erzählt mir seine Beobachtungen.)

Zu den Subjekt- und Objektsätzen gehören
- abhängige Aussagesätze
- abhängige Begehrsätze
- abhängige Fragesätze
- bestimmte Relativsätze (ab S. 154)

3.1 Abhängige Aussagesätze

Abhängige Aussagesätze (auch „Explikativsätze" von lat. *explicare*) beinhalten eine **Tatsache**, mit der die Handlung des übergeordneten Satzes näher erklärt bzw. beschrieben wird.

3.1.1 quod-Sätze

Das **faktische *quod*** steht (stets mit **Indikativ**):

- nach **Wendungen** mit einem **Verb des Handelns** oder Geschehens und einem **wertenden Adjektiv**.

bene facere, quod	gut daran tun, dass
male accidit/ evenit/fit, quod	es trifft sich schlecht, dass

Bene facis, quod avum adiuvas.
Du tust gut daran, dass du dem Großvater hilfst.

- nach einem tatsächlich vorhandenen oder gedanklich zu ergänzenden **Demonstrativum** im übergeordneten Satz, **das näher erläutert wird**:

id, quod	die Tatsache, dass
ex eo, quod	daraus, dass
nisi, quod	außer dass

Ex eo cognosco te magni animi esse, quod senes adiuvas.
Daraus, dass du alten Menschen hilfst, erkenne ich, dass du edel gesonnen bist.

- gelegentlich nach **Verben des Lobens, Dankens** und der **Gefühlsäußerung**

Liberi dolent, quod pater abit.
Die Kinder empfinden Schmerz darüber, dass der Vater weggeht.

Manchmal geht der *quod*-Satz dem Hauptsatz voran; *quod* übersetzt man dann am besten mit „wenn" oder „was … betrifft", der Hauptsatz kann durch „so wisse" eingeleitet werden.

Quod scribis te mox venturum esse: te statim venire volo.
Wenn du schreibst, dass du bald kommen wirst: (Wisse, dass) ich möchte, dass du sofort kommst!

3.1.2 ut-Sätze

- *ut*-Sätze können **nach unpersönlichen Ausdrücken** die Subjektstelle füllen. Sie stehen im **Konjunktiv**:

fit, ut	es geschieht, dass
evenit, ut	es kommt/kam vor, dass
accidit, ut	es ereignet/ereignete sich, dass
contingit, ut	es gelingt, dass

Evenit, ut viri innocentes capitis damnentur.
Es kommt vor, dass unschuldige Männer zum Tod verurteilt werden.

- *ut*-Sätze können auch ein **Substantiv näher erläutern**. Dieses sogenannte **„explikative" *ut*** wird mit **„(nämlich) dass"** übersetzt. Der *ut*-Satz steht auch hier im **Konjunktiv**.

Apud maiores lex severissima erat, ut patri filium occidere liceret.
Es gab bei den Vorfahren ein sehr strenges Gesetz, (nämlich) dass es dem Vater erlaubt war, seinen Sohn zu töten.

3.2 Abhängige Begehrsätze

Abhängige Begehrsätze sind Objektsätze, die den Inhalt eines Wunsches oder Befehls angeben. Die Subjunktionen sind:

- *ut* (dass),
- verneint: *ne* (dass nicht).

Ihr Modus ist der Konjunktiv.

- Begehrsätze stehen nach Verben des Begehrens, Aufforderns, Bittens, Wünschens, Strebens, u. Ä.:

orare, ut ***rogare, ut***	bitten	Te rogo, ut mihi scribas. *Ich bitte dich, dass du mir schreibst / mir zu schreiben.*
postulare, ut	fordern	
imperare, ut	befehlen	
suadere, ut	raten	
persuadere*, ut	überreden	
monere*, ut	mahnen	
videre*, ut	zusehen	
optare, ut	wünschen	
operam dare, ut	sich Mühe geben	Date operam, ne quid amittatis. *Gebt euch Mühe, dass ihr nichts verliert / nichts zu verlieren.*
id agere, ut	darauf hinarbeiten	
contendere*, ut	sich anstrengen	

- Nach den Verben des Fürchtens** bedeuten die Subjunktionen:
  ut: dass nicht
  ne: dass

timere / metuere / vereri } ***ne***	fürchten, dass	Timeo, ne quid graviter feras. *Ich fürchte, dass du über etwas ungehalten bist.*

* Mit AcI verbunden haben folgende Verben eine andere Bedeutung als mit einem *ut*-Satz: *persuadere* m. AcI: überzeugen; *monere* m. AcI: erinnern; *videre* m. AcI: sehen; *contendere* m. AcI: behaupten.

** Die Verben des Fürchtens und Hinderns sind den Verben des Begehrens inhaltlich verwandt, da sie den Wunsch beinhalten, dass etwas nicht geschieht.

periculum est, ne	es besteht die Gefahr, dass	Periculum est, ut (!) aestum sustineas. *Es besteht die Gefahr, dass du die Hitze nicht aushältst.*
impedire, ne	(daran) hindern, dass	

- Nach den Verben des Hinderns bedeuten die Subjunktionen
  ne } dass
  quominus } dass
  quin dass
  (nach verneintem Vordersatz)

impedire, ne	hindern, dass	Impeditur, ne alios laedat. *Er wird daran gehindert, andere zu verletzen.*
prohibere, ne	abhalten (davon), dass; (ver)hindern, dass	Prohiberi non potuit, quin alios laederet. *Er konnte nicht daran gehindert werden, andere zu verletzen.*
recusare, ne	sich weigern, dass	Recuso, ne hos labores subeam. *Ich weigere mich, diese Strapazen auf mich zu nehmen.*
cavere, ne	sich hüten, dass	

3.3 Abhängige Fragesätze

Abhängige (indirekte) Fragen stehen nach Verben des Fragens, Sagens, Zweifelns und Nichtwissens.

Ihr Modus ist der Konjunktiv.

- Abhängige Wortfragen werden durch ein Fragewort eingeleitet.

Narra mihi, quid heri egeris.
Erzähl mir, was du gestern getan hast.

- Abhängige Satzfragen werden durch *-ne* oder *num* (ob) eingeleitet.

Dic mihi, num pater abierit.
Sag mir, ob der Vater weggegangen ist.

- Abhängige Doppelfragen enthalten meist zwei kombinierte Fragepartikel:

utrum … an / ***-ne … an*** } *ob – oder*

utrum … / ***necne*** / ***-ne … necne*** } *ob – oder nicht*

Ex matre quaero, utrum amici (amicine) Romae sint an ruri / necne.
Ich frage die Mutter, ob die Freunde in Rom sind oder auf dem Land / oder nicht.

Besonderheiten

- Nach Ausdrücken des Nicht-Wissens oder Zweifelns bedeutet *an:* ob nicht.

incertum est, an	es ist unsicher, ob nicht
dubitare, an	zweifeln, ob nicht

Incertum est, an aliquid mali fecerit.
Es ist unsicher, ob er nicht etwas Schlechtes getan hat.

- Nach verneinten Ausdrücken des Zweifelns bedeutet *quin:* dass.

non dubitare, quin	nicht daran zweifeln, dass

Nemo dubitat, quin veritas bonum sit.
Niemand zweifelt daran, dass die Wahrheit ein Gut ist.

4 Adverbialsätze

Die Adverbialsätze erfüllen in einem Satzgefüge die **Funktion eines Adverbiales**. Sie vermitteln nähere Angaben über einen Sachverhalt, der im Hauptsatz geschildert wird.

Je nach dieser Angabe unterscheidet man Adverbialsätze
- der Zeit (Temporalsätze)
- der Absicht (Finalsätze)
- der Folge (Konsekutivsätze)
- des Grundes (Kausalsätze)
- der Einräumung (Konzessivsätze)
- des Gegensatzes (Adversativsätze)
- der Bedingung (Konditionalsätze)
- der Art und Weise (Modalsätze)
- des Vergleichs (Komparativsätze)

Sie werden jeweils durch verschiedene **Subjunktionen*** eingeleitet.

* V. a. in älteren Büchern wird dafür der Begriff „Konjunktionen" verwendet.

4.1 Temporalsätze

4.1.1 Angabe eines Zeitverhältnisses

Temporale Adverbialsätze drücken das **Zeitverhältnis** zwischen der Handlung des Hauptsatzes und der des Gliedsatzes aus:
Die Handlung des Gliedsatzes kann in Relation zu der des Hauptsatzes gleichzeitig, vorzeitig oder nachzeitig sein.

- Folgende temporale Subjunktionen drücken **Vorzeitigkeit** aus:

post(ea)quam *(m. Ind. Perf.)*	nachdem	Postquam amici advenerunt *(Perf.)*, iis hortos ostendi. *Als / Nachdem die Freunde angekommen waren* (im Dt. Plusquamperf.), *zeigte ich ihnen die Gartenanlagen.*
cum *(m. Konj. Plusquamperf.)*	als, nachdem	

- Folgende temporale Subjunktionen drücken Gleichzeitigkeit aus:

dum (m. Ind. Präs.)	während (im Dt. Angleichung der Zeitstufe)	Dum fortiter pugnat (*Präs.*), ab hostibus circumventus est. *Während er tapfer kämpfte (Imperf.), wurde er von den Feinden umringt.*
cum (m. Konj. Imperf.)	als	

- Folgende temporale Subjunktionen drücken Nachzeitigkeit aus:

antequam / ***ante … quam*** (meist mit Ind.*) / ***priusquam*** / ***prius … quam*** (meist mit Ind.*)	*ehe, bevor*	Hostes non prius fugere destiterunt, quam ad flumen pervenerunt. *Die Feinde hörten nicht auf zu fliehen, bevor sie den Fluss erreicht hatten.*

* Der Konj. würde stattdessen eine finale oder potentiale Sinnrichtung ausdrücken.

4.1.2 Angabe zeitlicher Abfolgen

Temporale Adverbialsätze können durch die Subjunktion über das Zeitverhältnis hinaus auch zeitliche Abfolgen angeben:

- Einen Zeitpunkt bezeichnet die Subjunktion:

cum („cum relativum", m. Ind.)	(damals,) als	Cum Caesar in Galliam venit, ibi duae factiones erant. *(Damals,) als Cäsar nach Gallien kam, gab es dort zwei Parteien.*

- Den Beginn einer Handlung markiert die Subjunktion:

cum (m. Ind.)	seitdem	Quintus annus est, cum te Romae conveni. *Es ist (schon) das fünfte Jahr, seitdem ich dich in Rom getroffen habe.*

- Eine rasche Aufeinanderfolge drücken folgende Subjunktionen aus:

ubi ***ubi primum*** ***ut, ut primum*** ***cum primum*** ***simul, simulac (simulatque)***	sobald, sowie

Ubi (primum) intellexit se opprimi, socios auxilio arcessivit.
Sobald er erkannte, dass er bedrängt wurde, holte er die Bundesgenossen zu Hilfe.

- Eine Unterbrechung einer Handlung bezeichnet die Subjunktion:

cum („cum inversum", m. Ind.)	als plötzlich

Die wichtige Information enthält hier der Nebensatz.

Modo cenabam, cum nuntius advenit.
Ich speiste gerade, als plötzlich ein Bote kam.

- Die gleiche Dauer drücken folgende Subjunktionen aus:

dum ***donec*** ***quoad*** ***quamdiu*** (jew. m. Ind.)	solange

Manete, dum vultis!
Bleibt, solange ihr wollt!

- Den Endpunkt einer Handlung markieren die Subjunktionen:

dum ***donec*** ***quoad*** (jew. m. Ind.)	bis

Manete, dum ego redeo!
Bleibt (so lange), bis ich zurückkomme!

- Die Häufigkeit einer Handlung bezeichnen die Subjunktionen:

quotiens	sooft; jedes Mal, wenn
cum („cum iterativum", m. Ind.)	sooft; immer, wenn

Quotiens te convenio, gaudio afficior.
Jedes Mal, wenn (Sooft) ich dich treffe, freue ich mich (erfüllt mich Freude).

4.2 Finalsätze

- Finalsätze drücken einen Zweck bzw. eine Absicht aus, die mit einer Handlung verbunden ist.
- Finalsätze stehen im Konjunktiv.
- Finalsätze beginnen mit:

ut (bei gleichem Subjekt in HS und NS)	dass, damit; um … zu	Romam veni, ut te convenirem. *Ich bin nach Rom gekommen, um dich zu treffen.*
quo / *ut eo* (vor Komparativ)	damit umso, damit desto	Lex brevis esto, quo / ut eo facilius capiatur. *Ein Gesetz soll kurz sein, damit es umso leichter begriffen wird.*
ne	damit nicht, dass nicht	

4.3 Konsekutivsätze

- Konsekutivsätze geben eine Folge an, die sich aus der Handlung des übergeordneten Satzes ergibt.
- Sie stehen stets im Konjunktiv.
- Oft weist ein Demonstrativum auf den Folgesatz hin.
- Konsekutivsätze werden eingeleitet durch:

Latine sic loquitur, ut Romae natus videatur.
Er spricht so (gewandt) Lateinisch, dass es scheint, als sei er in Rom geboren.

ut	(so)dass	
ut non	(so)dass nicht	Amicus tam diu domi afuerat, ut eum redientem non cognoscerem. *Der Freund war so lange von zu Hause weggewesen, dass ich ihn bei der Rückkehr nicht erkannte.*

4.4 Kausalsätze

- Kausalsätze geben den **Grund** für das Ereignis oder den Sachverhalt im übergeordneten Satz an.
- Nach folgenden Subjunktionen steht der **Indikativ**:

quod, quia	weil	Amicus abit, quia vocatus est. *Der Freund geht weg, weil er gerufen wurde.*
quoniam	weil ja, da ja	

- Nach folgenden Subjunktionen steht der **Konjunktiv**:

cum („cum causale")	da	Cum tibi adhuc quid negotii esset, profectus non es. *Da du noch etwas zu tun hattest, bist du nicht aufgebrochen (freier: gegangen).*
quippe cum	da ja	
praesertim cum	besonders da	

4.5 Konzessivsätze

- Konzessivsätze bezeichnen die **Einräumung** eines Sachverhalts, der im Gegensatz zur Aussage des übergeordneten Satzes steht.
- Nach folgenden Subjunktionen steht der Konzessivsatz im **Indikativ**:

quamquam	obwohl, obgleich	Tibi succurram, quamquam alii me exspectant. *Ich werde dir helfen, obwohl die anderen auf mich warten.*
etsi / ***etiamsi*** / ***tametsi***	auch wenn, selbst wenn	

- Nach folgenden Subjunktionen steht der Konzessivsatz im Konjunktiv:

cum („cum concessivum")	obwohl, obgleich	Tibi succurram, cum a te graviter offensus sim. *Ich werde dir helfen, obwohl ich von dir schwer beleidigt worden bin.*
quamvis	obgleich; wie sehr auch	
licet / *sane*	angenommen; mag auch	Licet me offenderis, tibi sucurram. *Magst du mich (auch) beleidigt haben, ich werde dir (dennoch) helfen.*
ut	zugegeben, dass; wenn auch	

4.6 Adversativsätze

- Adversativsätze setzen einen Sachverhalt in Gegensatz zu einem anderen.
- Nach der folgenden Subjunktion, die Adversativsätze einleitet, steht der Konjunktiv:

cum („cum adversativum")	während (dagegen)	Cum ceteri recusarent, hic solus paratus erat ad eos labores ferendos. *Während die Übrigen sich weigerten, war dieser allein bereit, diese Mühen zu tragen.*

4.7 Konditionalsätze

- Konditionalsätze beinhalten die **Bedingung**, unter der das Geschehen des Hauptsatzes eintritt oder eintreten kann.
- **Reale Bedingungen**, unter denen das Geschehen des Hauptsatzes tatsächlich eintritt, stehen im **Indikativ (Realis)**.

  Si hoc dicis, mentiris.
  Wenn du das sagst, (dann) lügst du.
- **Potentiale Bedingungen**, unter denen das Geschehen des Hauptsatzes möglicherweise eintritt, stehen im **Konjunktiv Präsens** oder **Perfekt (Potentialis)**.

  Si hoc dicas, mentiaris.
  (= Si hoc dixeris, mentitus sis).
  Wenn du das sagen solltest, dürftest du lügen (lügst du wohl).
- **Irreale Bedingungen**, unter denen das Geschehen des Hauptsatzes nicht eintritt, stehen im Konjunktiv **Imperfekt** oder **Plusquamperfekt (Irrealis)**.

  Si hoc diceres, mentireris.
  Wenn du das sagen würdest, würdest du lügen.

  Si hoc dixisses, mentitus esses.
  Wenn du das gesagt hättest, hättest du gelogen.
- Die häufigsten konditionalen **Subjunktionen** sind:

si	wenn, falls
nisi	wenn nicht, falls nicht
quod si	wenn nun, wenn aber
sin / ***sin autem***	wenn aber
si quidem	wenn wirklich
si modo (*meist m. Ind.*)	*wenn nur*

Memoria minuitur, nisi eam exerceas.
Das Gedächtnis verringert sich, falls du es nicht trainierst.

Iustitia expetenda est. Sin ea, reliquae quoque virtutes per se colendae sunt.
Gerechtigkeit ist zu erstreben. Wenn aber sie, dann müssen auch die übrigen Tugenden um ihrer selbst willen gepflegt werden.

dum ***dummodo*** ***modo*** (m. Konj.)	wenn nur	Oderint, dum metuant. *Mögen sie mich hassen, wenn sie mich nur fürchten.*
quod nisi	wenn aber nicht	
sive … sive (m. Ind.)	sei es dass … oder dass	Continentem se praestat, sive laudatur sive reprehenditur. *Er zeigt sich als selbstbeherrscht, sei es, dass er gelobt oder dass er getadelt wird.*
si non* ***si minus***	wenn nicht, andernfalls	
nisi forte ***nisi vero*** (m. Ind.)	wenn nicht gerade; es sei denn, dass	Proficiscamur – nisi forte tibi quid negotii est. *Lasst uns aufbrechen – wenn du nicht gerade etwas zu tun hast.*
dummodo ne (m. Konj.)	wenn nur nicht	
Merke besonders		
nisi non	nur, außer	
nisi nihil	nichts außer, nur	De mortuis ni(hi)l nisi bene! *Über Verstorbene (sage man) nur Gutes!*
nisi nemo	keiner außer, nur	

* *Si non* wird im Unterschied zu *nisi* gebraucht, wenn ein einzelnes Wort oder der Inhalt des Bedingungssatzes als Ganzes verneint werden soll, *nisi* schränkt die Geltung des Folgerungssatzes ein.

4.8 Modalsätze

- Modalsätze geben die **Art und Weise** an, in der die Handlung des übergeordneten Satzes abläuft.
- Sie stehen stets im **Indikativ** nach der folgenden Subjunktion:

cum (m. Ind., „cum coincidens / cum explicativum“)	dadurch, dass; indem; wenn	Cum tacent, consentiunt. *Indem sie schweigen, stimmen sie zu.*

4.9 Komparativsätze

- Komparativsätze **vergleichen** Handlungen oder Sachverhalte nach deren Grad oder Art und Weise der Ausführung.
- Der Vergleich kann durch **Korrelativa** (Adjektive, Pronomina oder Adverbien) ausgedrückt werden:

idem … qui	derselbe, der	Idem maneas, qui semper eras. *Mögest du derselbe bleiben, der du immer warst.*
talis … qualis	ein solcher … wie; so (beschaffen) … wie	Talis es, qualis soror tua (est). *Du bist so (,) wie deine Schwester (ist).*
tantus … quantus	so groß … wie	
tam … quam (bei Adj.)	so … wie	Tam eloquens est quam pater. *Er ist so beredt wie sein Vater.*
ita … ut / ***sic … ut*** (bei Verben)	so … wie	Ut modestiam laudas, sic superbiam reprehendis. *Wie du Bescheidenheit lobst, so tadelst du Hochmut.*
tot … quot	so viele … wie	

- Bei ähnlichen Vergleichsgrößen wird der Vergleich durch **atque** bzw. **ac** (als / wie) ausgedrückt:

idem … atque	derselbe … wie	Eadem mihi laudanda videntur ac tibi. *Mir erscheint dasselbe lobenswert wie dir.*
aequus … atque / ***par … atque***	gleich … wie	
alius … atque	ein anderer … als	Aliud dicis atque sentis. *Du sagst etwas anderes, als du (wirklich) meinst.*
aliter … atque	anders … als	

- Bei verschiedenen Vergleichsgrößen wird der Vergleich folgendermaßen ausgedrückt:

quam	als	Praestat iniuriam accipere quam facere. *Es ist besser, Unrecht zu erleiden als (Unrecht) zu tun.*
non minus … quam	nicht weniger … als; ebenso (sehr) … wie	
quo … eo ***quanto … tanto***	je … desto	Quo maior, eo difficilior. *Je größer (wichtiger), desto schwieriger.*

- Irreale Vergleiche werden mittels Verbindungen mit *si* formuliert.

quasi ***tamquam si*** ***ut si*** (m. Konj.)	wie wenn, als ob	Sic loquitur, quasi omnia sciat. *Er redet so, als ob er alles wüsste.*
perinde ac si ***proinde ac si*** ***velut si*** ***ac si*** (m. Konj.)	gerade als ob	Sic se gerit, velut si omnia sciat. *Er benimmt sich gerade so, als wüsste er alles.*

4.10 *ut* und *cum* im Überblick

ut mit Indikativ		ut mit Konjunktiv	
ut … (ita / sic)* (beim Vergleich)	*wie … (so)*	ut (in Begehrsätzen)	*dass*
ut si	*wie wenn*	ut (in reinen Finalsätzen)	*dass, damit, um … zu*
ut (primum) (temporal)	*sobald (als)*	ut (final, nach Verben des Fürchtens)	*dass nicht*
		ut (behauptend)	*dass*
		ut (konsekutiv)	*sodass*
		ut (konzessiv)	*angenommen, dass; wenn auch*

* *ut … ita / sic:* gelegentlich „zwar … aber“

cum mit Indikativ		cum mit Konjunktiv	
cum (cum relativum)	*damals, als; (dann), wenn; seitdem*	cum m. Konj. Imperf. bzw. Plusquamperf. (cum historicum)	*als; nachdem* (bei Vorzeitigkeit)
cum m. Ind. Perf. (cum inversum)	*als (plötzlich), da*	cum (cum causale)	*da, weil*
cum (cum iterativum)	*sooft; immer, wenn*	cum (cum concessivum)	*obwohl, obgleich; wenn auch*
cum (cum coincidens)	*indem; dadurch, dass*	cum (cum adversativum)	*während (dagegen)*
cum primum m. Ind. Perf. (cum temporale)	*sobald (als)*	cum (cum modale)	*wobei*

Beachte auch: *cum … tum*: sowohl … als besonders auch; *cum* m. Abl. (Präposition): mit

5 Relativsätze

5.1 Form

- Relativsätze werden durch eine Form des Relativpronomens (*qui, quae, quod*) eingeleitet.

Id, quod heri accidit.
Das, was gestern geschah.

- Das Relativpronomen richtet sich in Genus und Numerus nach seinem Bezugswort.
  Bezieht es sich auf den ganzen übergeordneten Satz, so steht:
  (id) quod / ***quae res*** } was

Me deseruisti, (id) quod fieri non debuit.
Du hast mich im Stich gelassen, was nicht hätte geschehen dürfen.

- Der Kasus des Relativpronomens wird durch die Konstruktion des Relativsatzes bestimmt.

Amicum novi, cui maxime confidis.
Ich kenne den Freund, dem du ganz besonders vertraust.

- Gelegentlich ist das Bezugswort in den Relativsatz hineingezogen. Im Deutschen muss es wieder in den Hauptsatz gesetzt werden.

Misit mihi, quem habebat servum fidelissimum.
Er schickte mir den treuesten Sklaven, den er hatte.

5.2 Indikativische Relativsätze

Im Indikativ stehen Relativsätze,

- die nur die Funktion eines Attributes haben

aedificium, quod hic videmus
das Gebäude, das wir hier sehen

- die ein verallgemeinerndes Relativpronomen enthalten, z. B.
  quisquis / ***quicumque*** } wer auch immer
  quotquot / ***quotcumque*** } wie viele auch immer

Quisquis inopia premitur, adiuvetur.
Wer immer von Not bedrängt wird, soll unterstützt werden.

5.3 Konjunktivische Relativsätze

Relativsätze stehen im Konjunktiv
- wenn sie einen **Potentialis** oder **Irrealis** enthalten (vgl. S. 129 f.).
- in der **Oratio obliqua** (vgl. S. 163).
- wenn sie innerlich abhängig sind (vgl. S. 137).
- bei **Modusattraktion**, d. h. wenn das Hauptverb des übergeordneten Satzes im Konjunktiv oder Infinitiv steht.
- bei **adverbialem Nebensinn** des Relativsatzes.

Relativsätze mit adverbialem Nebensinn

Konjunktivische Relativsätze können folgende **Sinnrichtungen** haben:

- **final** (Zweck, Absicht) nach Verben des Schickens, Kommens, Gebens:
  Im Deutschen Einfügung von **„sollen"** bzw. Umwandlung in einen Finalsatz beginnend mit **„damit / um … zu"**

  Caesar legatos misit, qui pacem peterent.
  Cäsar schickte Gesandte, die um Frieden bitten sollten (damit diese um Frieden baten).

- **kausal** (Grund):
  Im Deutschen Einfügung der Partikel **„ja"** / **„(ja) doch"** oder Umwandlung in einen Kausalsatz mit **„weil"** bzw. **„da"**.

  Te omnes amant mulieres, qui sis tam pulcher. *(Plautus)*
  Dich, der du ja so schön bist, lieben alle Frauen. (Dich lieben alle Frauen, weil du so schön bist.)

- **konzessiv** oder (selten) **adversativ** (Einschränkung / Gegensatz):
  Im Deutschen Umwandlung in einen Konzessiv- / Adversativsatz mit **„obwohl"** bzw. **„während"**.

  Cur eos sic admiraris, quos numquam ipsos videris?
  Warum bewunderst du diese so, obwohl du sie persönlich niemals gesehen hast?

- **restringierend** (Einschränkung):
  in festen Redewendungen, z. B.

quod meminerim	soweit ich mich erinnere
quod sciam	soweit ich weiß

  Quod meminerim, eum ter conveni.
  Soweit ich mich erinnere, habe ich ihn dreimal getroffen.

- konsekutiv/explikativ (Folge; oft eine Art Definition), häufig nach Wendungen wie:

non sum is, qui …	ich bin keiner, der …
sunt, qui …	es gibt Leute, die …
non desunt, qui …	es fehlt nicht an Leuten, die …
reperiuntur, qui …	es finden sich Leute, die …
quis est, qui …?	wen gibt es, der …?
(non) est, quod …	es besteht (kein) Grund (dafür), dass …
(non) habeo, quod …	ich habe (keinen) Grund dazu, dass …

Non sum is, qui periculis terrear.
Ich bin keiner, der durch Gefahren erschreckt werden könnte (der sich durch Gefahren erschrecken ließe).

Im Deutschen kann der Konjunktiv dabei oft unberücksichtigt bleiben. Man kann ihn jedoch auch mit „können/könnten" ausdrücken.

Multi sunt, quibus hoc placeat.
Es gibt viele, denen dies gefällt (gefallen könnte).

- nach bestimmten Adjektiven wie *(in)dignus, aptus, idoneus.* Im Deutschen Wiedergabe mit Infinitiv.

Dignus es, qui honore afficiaris.
Du bist es wert, geehrt zu werden. (Du bist würdig, geehrt zu werden.)

5.4 Der relative Satzanschluss

- Wenn ein **Hauptsatz** mit einem **Relativpronomen** beginnt, das sich auf ein Wort des vorangehenden Satzes bezieht, wird das Relativpronomen **wie ein Demonstrativpronomen** übersetzt.

Libri ad multas res utiles sunt. Quos legite studiose!
Bücher sind für viele Dinge nützlich. Lest diese also aufmerksam!

- Das **logische Verhältnis** der Sätze wird im Deutschen durch **Einfügung eines Partikels** dargestellt, z. B. „und", „aber", „doch", „daher", „nämlich", „also".

Quos legite studiose!
Lest diese also aufmerksam!

- Häufig sind folgende feste Wendungen:

quo facto	hierauf
qua re *quam ob rem* *qua de causa* *quocirca*	daher, deshalb
quod si	wenn nun, wenn also, wenn aber
unde	daher
qua re cognita *quibus rebus cognitis*	nachdem dies bekannt geworden war; auf diese Kunde (hin)
quibus rebus gestis	danach
quae cum ita sint	da dies so ist; unter diesen Umständen
quae dum geruntur	während dies geschieht; während dieser Ereignisse

Amicus morbo confectus est. Qua re ei auxilio opus est.
Der Freund ist von einer Krankheit geschwächt. Daher braucht er Hilfe.

Quibus rebus cognitis Caesar celeriter profectus est.
Auf diese Kunde hin brach Caesar schnell auf.

Quibus rebus gestis Romani castra moverunt.
Hierauf verlegten die Römer ihr Lager.

5.5 Verschränkte Relativsätze

Ein Relativsatz kann mit anderen Satzkonstruktionen eine enge Verbindung eingehen. Ein derartiges Satzgefüge muss im Deutschen umgeformt werden.

5.5.1 Verschränkung mit AcI / NcI

- Bei Verschränkung eines Relativsatzes mit einem AcI / NcI empfiehlt es sich, zunächst den Relativsatz durch Punkt oder Strichpunkt vom Hauptsatz abzutrennen und die beiden Sätze getrennt zu übersetzen.

Discipuli orationem Ciceronis legunt, quem oratorem praestantissimum fuisse constat.

Hilfsübersetzung:
Die Schüler lesen eine Rede Ciceros. Es ist bekannt, dass dieser ein ganz hervorragender Redner war.

- Für die endgültige Übersetzung gibt es folgende Möglichkeiten:

Endgültige Übersetzung:

1. Parenthese

…, der, wie bekannt ist, ein ganz hervorragender Redner war.

2. adverbialer Ausdruck

…, der bekanntlich ein ganz hervorragender Redner war.

3. Präpositionalgefüge

…, qui orator praestantissimus fuisse putatur.

…, der nach allgemeiner Meinung ein ganz hervorragender Redner war.

5.5.2 Verschränkung mit einer Partizipialkonstruktion

Bei Verschränkung eines Relativsatzes mit einem Participium coniunctum oder einem Ablativus absolutus ist im Deutschen meist nur die Wiedergabe mit einem Präpositionalgefüge möglich.

Venit amicus, quem conspiciens valde gavisus sum.
Es kam ein Freund, bei dessen Anblick ich mich sehr freute.

Venit nuntius cum epistula amici, qua lecta valde gavisus sum.
Es kam ein Bote mit einem Brief eines Freundes, nach dessen Lektüre ich mich sehr freute.

5.5.3 Verschränkung mit einem Gliedsatz

Bei Verschränkung eines Relativsatzes mit einem **Gliedsatz** gibt es je nach Art des Gliedsatzes eine große **Variationsbreite** an Übersetzungsmöglichkeiten. Eine feste Regel lässt sich hierfür nicht aufstellen.

Sunt multae res, quas orator a natura nisi habet, a magistro non multum adiuvatur.

Hilfsübersetzung:
Es gibt viele Dinge, bei denen, wenn ein Redner sie nicht von Natur aus hat, ihm von einem Lehrer nicht viel geholfen werden kann.

Endgültige Übersetzung:
Es gibt viele Dinge, bei deren Fehlen von Natur aus einem Redner auch von einem Lehrer nicht viel geholfen werden kann.

5.5.4 Verschränkung mit einem Ablativus comparationis

- Bei Verschränkung eines Relativsatzes mit einem **Ablativus comparationis** empfiehlt sich zunächst eine Hilfsübersetzung mit **„im Vergleich zu“**.
- Der **Komparativ** im Relativsatz wird dann im Deutschen **durch einen Superlativ ersetzt** und aus dem Relativsatz gezogen.

Fama iam ubique perlata erat, qua nihil est celerius.

Hilfsübersetzung:
Das Gerücht hatte sich schon überall verbreitet, im Vergleich zu dem es nichts Schnelleres gibt.

Endgültige Übersetzung:
Das Gerücht, das Schnellste, was es gibt, hatte sich schon überall verbreitet.

Oratio obliqua

Die Oratio recta (direkte Rede) gibt eine Äußerung unmittelbar im Wortlaut wieder (markiert durch Anführungszeichen).
Die Oratio obliqua dagegen bezeichnet die **abhängige / indirekte Rede**: Sie gibt die **Äußerungen (Gedanken, Meinung) einer dritten Person** mittelbar wieder und wird verwendet, um darauf hinzuweisen, dass die wiedergegebene **Aussage nicht von der sprechenden Person selbst** stammt.

- Die Oratio obliqua ist abhängig von einem (ausdrücklich genannten oder zu ergänzenden) **verbum dicendi** oder auch **sentiendi**.
- Dieses übergeordnete Verbum erscheint in der Regel nur **am Anfang** eines Abschnittes in indirekter Rede.

Dicit eam aegram esse.
Er sagt, sie sei krank.

1 Übersetzungsmöglichkeiten

- In der Regel wird die Oratio obliqua im Deutschen im **Konjunktiv I** wiedergegeben.
- Lediglich in Fällen, in denen der Konjunktiv I und der Indikativ nicht unterscheidbar sind, ist der Konjunktiv II zulässig.

Eam aegram esse.
Sie sei krank.

Eum domo exire.
Er gehe aus dem Haus.

Eos dixisse, …
Sie hätten gesagt, …

Eos brevi venturos esse.
Sie würden bald kommen.

2 Besonderheiten der Umformung

Aus der Umformung direkter Rede in einen **Bericht über eine Rede** ergeben sich **Veränderungen** im Gebrauch der Pronomina, Tempora und Modi.

2.1 Pronomina

• Pronomina der **1. Person** (*ego, nos*) werden in die der **3. Person** (Reflexivpronomen) verwandelt.	**direkte Rede** (Dixit:) „Iis auxilio veniam." *(Er sagte:) „Ich werde ihnen helfen."* **indirekte Rede** (Dixit) se iis auxilio venturum esse. *(Er sagte,) er werde ihnen helfen.*
• Pronomina, die sich auf die **sprechende(n) Person(en)** beziehen, werden **reflexiv** (*sui, sibi, se*; entsprechend Possessivpronomen: *suus, -a, -um*).	**direkte Rede** (Mater dixit:) „Filia mea mihi cordi est." *(Die Mutter sagte:) „Meine Tochter liegt mir am Herzen."* **indirekte Rede** (Mater dixit) filiam suam sibi cordi esse. *Ihre Tochter liege ihr am Herzen.*
• Sie können durch Formen von ***ipse, ipsa, ipsum*** verstärkt werden.	**direkte Rede** (Amica dixit:) „Ego puto …" *(Die Freundin sagte:) „Ich (für meinen Teil) glaube, …"* **indirekte Rede** (Amica dixit) se ipsam putare … *Sie (für ihren Teil) glaube, …*
• Als Pronomina zur Bezeichnung der **angeredeten 2. Person** wie **dritter Personen** dienen ***is, ea, id*** bzw. ***ille, illa, illud***.	**direkte Rede** (Magister dixit:) „Venite omnes!" *(Der Lehrer sagte:) „Kommt alle!"* **indirekte Rede** (Magister dixit,) (ut) ii omnes venirent. *Sie sollten alle kommen.*

2.2 Tempusgebrauch

Der Tempusgebrauch für die im Konjunktiv stehenden Nebensätze folgt den Regeln der **Consecutio temporum** (S. 134 ff.).

2.3 Modi

• Im **AcI** (Verneinung: *non*) stehen in der Oratio obliqua **Hauptsätze**, die **Aussagen** enthalten.	**direkte Rede** „Marcus fortis est." *„Markus ist tapfer."* **indirekte Rede** (Narrat) Marcum fortem esse. *(Er erzählte,) Markus sei tapfer.*
• Im **Konjunktiv** (evtl. durch *ut* verstärkt; Verneinung: *ne*) stehen in der Oratio obliqua **Hauptsätze**, die Folgendes enthalten:	
eine **Bitte**/einen **Wunsch**	**direkte Rede** (Dixit:) „Brevi redeat!" *(Er sagte:) „Hoffentlich kehrt er bald zurück!"* **indirekte Rede** (Dixit:) Brevi rediret. *Hoffentlich kehre er bald zurück!*
einen **Befehl**	**direkte Rede** (Dixit:) „Redite!" *(Er sagte:) „Kehrt zurück!"* **indirekte Rede** (Dixit,) (ut) redirent. *Sie sollten zurückkehren.*
ein **Verbot**	**direkte Rede** (Dixit:) „Ne abieritis!" *(Er sagte:) „Geht nicht weg!"* **indirekte Rede** (Dixit,) ne abirent! *Sie sollten nicht weggehen.*

- Rhetorische Fragen stehen in der Oratio obliqua im AcI.

direkte Rede
(Magister: „Quis hoc ignorat?"
(Der Lehrer fragt:) „Wer weiß das nicht?"

indirekte Rede
(Magister miratus est:) Quem hoc ignorare?
(Der Lehrer wunderte sich:) Wer wisse das nicht?

- (Tatsächliche) Fragen stehen in der Oratio obliqua im Konjunktiv.

direkte Rede
(Mater:) „Quando redibis, Marce?"
(Die Mutter fragt:) „Wann wirst du zurückkehren, Markus?"

indirekte Rede
(Mater rogavit,) quando Marcus rediret.
(Die Mutter fragte,) wann Markus zurückkehren werde.

- Alle Nebensätze stehen in der Oratio obliqua im Konjunktiv.

direkte Rede
(Mater:) „Quia sero redis, tibi irascor, Marce!"
(Die Mutter sagt:) „Weil du zu spät zurückkommst, zürne ich dir, Markus!"

indirekte Rede
(Mater) dixit se Marco irasci, quia sero rediret.
(Die Mutter sagte,) sie zürne dem Markus, weil er zu spät zurückkomme.

- Eine Ausnahme bilden eigene Zusätze des Berichterstatters. Sie können im Indikativ stehen.

Dixerunt se Condrusos, Eburones, …, qui uno nomine Germani appellantur, arbitrari ad XL milia.
(nach Caesar, B. G. II 4, 10)
Sie sagten, sie schätzten die Kondruser, die Eburonen und …, die zusammen „Germanen" genannt werden, auf 40 000.

Stichwortverzeichnis

Ihre Meinung ist uns wichtig!

Ihre Anregungen sind uns immer willkommen. Bitte informieren Sie uns mit diesem Schein über Ihre Verbesserungsvorschläge!

Titel-Nr.	Seite	Vorschlag

Bitte hier abtrennen

Lernen • Wissen • Zukunft
STARK

Bitte hier abtrennen

Zutreffendes bitte ankreuzen! Die Absenderin/der Absender ist:

- ☐ Lehrer/in in den Klassenstufen: ____
- ☐ Fachbetreuer/in Fächer: ____
- ☐ Seminarlehrer/in Fächer: ____
- ☐ Regierungsfachberater/in Fächer: ____
- ☐ Oberstufenbetreuer/in
- ☐ Schulleiter/in
- ☐ Referendar/in, Termin 2. Staatsexamen: ____
- ☐ Leiter/in Lehrerbibliothek
- ☐ Leiter/in Schülerbibliothek
- ☐ Sekretariat
- ☐ Eltern
- ☐ Schüler/in, Klasse: ____
- ☐ Sonstiges: ____

Kennen Sie Ihre Kundennummer? Bitte hier eintragen.

Absender **(Bitte in Druckbuchstaben!)**

Name/Vorname

Straße/Nr.

PLZ/Ort/Ortsteil

Telefon privat

Geburtsjahr

E-Mail

Schule/Schulstempel **(Bitte immer angeben!)**

Unterrichtsfächer: **(Bei Lehrkräften!)**

STARK Verlag
Postfach 1852
85318 Freising

22-V1T_NW

Bitte ausfüllen und im frankierten Umschlag an uns einsenden. Für Fensterkuverts geeignet.

Sicher durch das Abitur!

Klare Fakten, systematische Methoden, prägnante Beispiele sowie Übungsaufgaben auf Abiturniveau mit schülergerechten Lösungen.

Mathematik

Analysis – mit Hinweisen
zur CAS-Nutzung .... Best.-Nr. 540021
Analytische Geometrie .... Best.-Nr. 940051
Analytische Geometrie und
lineare Algebra .... Best.-Nr. 54008
Analytische Geometrie – mit Hinweisen
zu GTR-/CAS-Nutzung .... Best.-Nr. 540038
Stochastik .... Best.-Nr. 94009
Analysis – Bayern .... Best.-Nr. 9400218
Analysis Pflichtteil – Baden-W. ... Best.-Nr. 840018
Analysis Wahlteil – Baden-W. .... Best.-Nr. 840028
Analytische Geometrie Pflicht- und Wahlteil
Baden-Württemberg .... Best.-Nr. 840038
Stochastik Pflicht- und Wahlteil – Baden-Württemberg
(Abitur 2013) .... Best.-Nr. 840091
Klausuren Mathematik Oberstufe Best.-Nr. 900461
Kompakt-Wissen Abitur Analysis .. Best.-Nr. 900151
Kompakt-Wissen Abitur
Analytische Geometrie .... Best.-Nr. 900251
Kompakt-Wissen Abitur Wahrscheinlichkeitsrechnung
und Statistik .... Best.-Nr. 900351
Kompakt-Wissen Abitur Kompendium
Mathematik – Bayern .... Best.-Nr. 900152

Englisch

Übersetzung .... Best.-Nr. 82454
Grammatikübungen .... Best.-Nr. 82452
Themenwortschatz .... Best.-Nr. 82451
Grundlagen, Arbeitstechniken, Methoden
mit Audio-CD .... Best.-Nr. 944601
Sprachmittlung .... Best.-Nr. 94469
Sprechfertigkeit mit Audio-CD ..... Best.-Nr. 94467
Klausuren Englisch Oberstufe ...... Best.-Nr. 905113
Abitur-Wissen
Landeskunde Großbritannien ...... Best.-Nr. 94461
Abitur-Wissen
Landeskunde USA .... Best.-Nr. 94463
Abitur-Wissen
Englische Literaturgeschichte ...... Best.-Nr. 94465
Kompakt-Wissen Abitur
Themenwortschatz .... Best.-Nr. 90462
Kompakt-Wissen Abitur
Landeskunde/Literatur .... Best.-Nr. 90463
Kompakt-Wissen Kurzgrammatik Best.-Nr. 90461

Physik

Physik 1 – Elektromagnetisches Feld
und Relativitätstheorie .... Best.-Nr. 943028
Mechanik .... Best.-Nr. 94307
Abitur-Wissen Elektrodynamik...... Best.-Nr. 94331
Kompakt-Wissen Abitur Physik 1 –
Mechanik, Thermodynamik,
Relativitätstheorie .... Best.-Nr. 943012
Kompakt-Wissen Abitur Physik 2 –
Elektrizitätslehre, Magnetismus, Elektrodynamik,
Wellenoptik .... Best.-Nr. 943013
Kompakt-Wissen Abitur Physik 3
Atom-, Kern- und Teilchenphysik .. Best.-Nr. 943011

Deutsch

Dramen analysieren
und interpretieren .... Best.-Nr. 944092
Erörtern
und Sachtexte analysieren .... Best.-Nr. 944094
Gedichte analysieren
und interpretieren .... Best.-Nr. 944091
Epische Texte analysieren
und interpretieren .... Best.-Nr. 944093
Abitur-Wissen – Erörtern und
Sachtexte analysieren .... Best.-Nr. 944064
Abitur-Wissen – Textinterpretation
Lyrik · Drama · Epik .... Best.-Nr. 944061
Abitur-Wissen
Deutsche Literaturgeschichte .... Best.-Nr. 94405
Abitur-Wissen
Prüfungswissen Oberstufe .... Best.-Nr. 94400
Kompakt-Wissen
Rechtschreibung .... Best.-Nr. 944065
Kompakt-Wissen
Literaturgeschichte .... Best.-Nr. 944066
Grundwissen – Epochen der deutschen
Literatur im Überblick .... Best.-Nr. 104401
Klausuren Deutsch Oberstufe ...... Best.-Nr. 104011

(Bitte blättern Sie um)